Fundamentos intelectuales y políticos de las independencias

José Carlos Chiaramonte

Fundamentos intelectuales y políticos de las independencias

Notas para una nueva historia
intelectual de Iberoamérica

Chiaramonte, José Carlos
 Fundamentos intelectuales y políticos de las independencias : notas para una nueva historia intelectual de Iberoamérica. - 1a ed. - Buenos Aires : Teseo, 2010.
 200 p. ; 20x13 cm. - (Instituto Ravignani)

 ISBN 978-987-1354-56-6

 1. Historia. I. Título
 CDD 320

© José Carlos Chiaramonte, 2010

© Editorial Teseo, 2010
Buenos Aires, Argentina

ISBN 978-987-1354-56-6
Editorial Teseo

Hecho el depósito que previene la ley 11.723

Para sugerencias o comentarios acerca del contenido de esta obra, escríbanos a: info@editorialteseo.com

www.editorialteseo.com

A Susana

Advertencia

Los trabajos reunidos en este volumen son producto de investigaciones realizadas en el Instituto de Historia Argentina y Americana "Dr. Emilio Ravignani", de la Universidad de Buenos Aires y financiadas con subsidios del FONCyT y de UBACyT. Ellos incluyen tres textos inéditos, las nuevas versiones de tres textos ya publicados en revistas especializadas y otro en curso de publicación en las actas de un congreso.

La reunión de estos trabajos posee dos objetivos. Por una parte, explicar cómo la sustancia de la vida intelectual y política de los siglos XVIII y gran parte del XIX estaba fundada en el derecho natural, transmitido a través de su enseñanza y de la del derecho canónico. Y, por otro, cómo la comprensión de esta realidad pone en cuestión los usuales patrones periodizadores que hemos utilizado para dar cuenta de lo ocurrido en aquellos tiempos. En cierta medida, estos trabajos son una prolongación, y a veces una reelaboración, del contenido de mi libro *Nación y Estado en Iberoamérica, El lenguaje político en tiempos de las independencias*, Buenos Aires, Sudamericana, 2004.

Los capítulos I, II y V contienen textos inéditos. De los trabajos ya publicados, el capítulo III es la versión revisada y ampliada del artículo "The Principle of Consent in Latin and Anglo-American Independence", *Journal of Latin American Studies*, N° 36, Cambridge University Press, 2004. El capítulo IV es la versión también revisada y ampliada del artículo "La historia intelectual y el riesgo de las periodizaciones", *Prismas, Revista de Historia Intelectual*, Universidad Nacional de Quilmes, Argentina, N° 11, 2007. En cuanto al capítulo VI es la versión corregida del discurso inaugural del Simposio International "Religión y clero en la época de las revoluciones atlánticas: America Latina (1767-1840)", Lehrstuhl für Geschichte Lateinamerikas und Südwesteuropas der Universität Erfurt y Forschungszentrum Gotha für kultur- und soziawissenschaftliche Studien der Universität Erfurt, realizado en Gotha, Alemania, del 4 al 6 de diciembre de 2008. Por último, el capítulo VII es la versión de una ponencia presentada en las Segundas Jornadas de Debate "Los Historiadores y el Bicentenario", organizadas por el Centro de Estudios Históricos Parque España de Rosario y la Red de Estudios sobre Política, Cultura y Lenguajes en el Río de la Plata del Instituto Ravignani, y realizadas en Rosario el 7 de octubre de 2008. Una versión de ese trabajo acaba de ser publicada por *Ciencia y Cultura*, Revista de la Universidad Católica Boliviana San Pablo, La Paz, Bolivia, agosto de 2009, N° 22-23.

Sería difícil dar cuenta detallada de mi deuda con colegas del Instituto Ravignani y alumnos de mis seminarios, por sus aportes de datos o sus observaciones críticas a las tesis contenidas en esos trabajos. Pero no puedo dejar de mencionar especialmente la inestimable colaboración que los Profesores Nora Souto y Julián Giglio han prestado tanto en la etapa de búsqueda de información como en la lectura crítica de los manuscritos como así también las valiosas sugerencias bibliográficas del Dr. Fernando Racimo.

ÍNDICE

I.
LOS CONTENIDOS DEL DERECHO NATURAL Y DE GENTES Y DEL DERECHO CANÓNICO COMO CIENCIA DE LA SOCIEDAD Y DE LA POLÍTICA 15

Derecho natural, derecho de gentes y derecho internacional 21

La interpretación anacrónica de la voz derecho 24

El derecho natural y de gentes como ciencia social 26

La temática sociopolítica del derecho natural y de gentes 34

La función del derecho canónico 43

II.
LA FUNCIÓN DEL DERECHO NATURAL: DISCREPANCIAS HISTORIOGRÁFICAS 53

Efectos de algunos prejuicios historiográficos 57

El derecho natural en la historiografía católica sobre la independencia rioplatense 65

El derecho natural en la perspectiva de una historiografía "progresista" 70

La función del derecho natural y de gentes 72

III.
EL DERECHO NATURAL EN LAS HISTORIOGRAFÍAS ANGLO E IBEROAMERICANA 75

El derecho natural en la historiografía
sobre las colonias anglo americanas 77

Los movimientos de independencia
y su legitimación en el derecho natural y de gentes 99

El principio del consentimiento
en la historiografía iberoamericana 109

Algunas conclusiones 120

IV.
ACERCA DE LA PERIODIZACIÓN HISTÓRICA 125

La herencia romántica y la periodización 129

La inconsistencia de la periodización histórica 133

Acerca del uso del concepto de modernidad
en la investigación histórica 144

Periodización y clasificación 149

V.
MEDIEVAL O MODERNO:
EL INDIVIDUALISMO DEL CONCEPTO IUSNATURALISTA
DE LAS CORPORACIONES COMO PAUTA DE PERIODIZACIÓN .. 155

Otto von Gierke y la teoría de las corporaciones 156

VI.
LA "ILUSTRACIÓN" EN IBEROAMÉRICA:
PROBLEMAS DE INTERPRETACIÓN 167

El concepto de Ilustración
y las debilidades de la periodización histórica 172

Las reformas de las Universidades
y los conflictos internos a la Iglesia 175

"Modernidad" y tradicionalismo 180

VII.
LAS DIMENSIONES HISPANAS O EUROPEAS
DE LAS REVOLUCIONES POR LA INDEPENDENCIA 183

La naturaleza del "juntismo"
y las trampas de la periodización 183

Lo español y lo europeo
en el proceso de las independencias 189

I.
LOS CONTENIDOS DEL DERECHO NATURAL Y DE GENTES Y DEL DERECHO CANÓNICO COMO CIENCIA DE LA SOCIEDAD Y DE LA POLÍTICA

En la historia de los siglos XVI a XIX, tanto en Europa como en América, el derecho natural y de gentes y el derecho canónico condicionaban la orientación de las conductas, individuales y colectivas, privadas y públicas, en cuanto proporcionaban la mayor parte de las normas básicas que las regían. Particularmente, la trascendencia del derecho natural y del derecho canónico fue patente antes de la independencia de las colonias anglo e iberoamericanas y también en los años posteriores.[1]

Pero, asimismo, es en el derecho natural y en el derecho canónico donde se encuentran contenidos fundamentales de lo que hoy denominamos ciencias sociales. En cuanto respecta al derecho natural, del que nos ocuparemos en primer lugar, la revaloración de su papel en Iberoamérica –que obliga a reconsiderar profundamente la historia intelectual y política de estas regiones tal como la habíamos concebido anteriormente–, suscita de inmediato el interés por las razones del sorprendente olvido de su función en la historiografía respectiva. Ese interés es acrecentado al confrontarse esa omisión con el amplio

---

[1] Parte de lo desarrollado en estos capítulos se apoya en mis trabajos anteriores, especialmente en el libro *Nación y Estado en Iberoamérica, El lenguaje político en tiempos de las independencias*, Buenos Aires, Sudamericana, 2004, y "The Principle of Consent in Latin and Anglo-American Independence", *Journal of Latin American Studies*, N° 36, Cambridge University Press, 2004.

tratamiento del tema en la historiografía norteamericana, en la que el reconocimiento del papel jugado por el derecho natural ha tenido amplia resonancia, si bien en los últimos tiempos se ha discutido la magnitud de su influencia.[2]

Entre las razones que podrían explicar el descuido de la historiografía latinoamericana respecto de este asunto se pueden destacar dos. Una, la generalizada y errada consideración del derecho natural como sólo una rama del derecho. Otra, su también falsa apreciación como algo exclusivo del catolicismo, consiguientemente asimilado a la dominación colonial de las metrópolis ibéricas y al entonces monopolio del culto por la Iglesia católica. Pueden aun enumerarse también otros falsos criterios, como no percibir que lo que podríamos denominar el pensamiento social del siglo de la Ilustración derivaba sustancialmente del derecho natural y de gentes y, así, tratar como algo distinto del mismo las doctrinas contractualistas difundidas durante el proceso de las independencias, sin advertir que constituyen uno de sus principales componentes.

Señalaba Passerin d'Entrèves –uno de los mejores especialistas contemporáneos del derecho natural– que lo que realmente llama la atención al estudioso moderno es la función del derecho natural más que la doctrina misma.[3] Esa función había sido también subrayada por Meinecke muchos años antes:

---

[2] Al respecto, véase el cap. III de este libro y, asimismo, nuestro trabajo "The Principle of Consent in Latin and Anglo-American Independence", ibid. Una previa versión de este texto, en español pero menos amplia: "El principio del consentimiento en la gestación de las independencias íbero y norteamericanas", *Anuario del IEHS*, N° 17, 2002.

[3] Passerin d'Entrèves, Alessandro, *Natural Law, An Introduction to Legal Philosophy*, London, Hutchinson's Universitary Library, segunda edición revisada, 1970 [primera edición: 1951], p. 18.

"No cabe imaginar lo que ha significado este derecho natural para la humanidad de los pueblos de Occidente durante casi dos mil años, ya en su forma cristiana, ya en la nueva ruptura profana adoptada desde el Renacimiento. Fue como una estrella polar inconmovible en medio de las tempestades de la historia del mundo. Dio al pensamiento de los hombres un apoyo absoluto, un apoyo tanto más fuerte si lo realzaba la fe cristiana revelada. *Podían emplearle las ideologías más diversas y más incompatibles entre sí.* La razón humana, considerada como eterna e independiente del tiempo, podía legitimarlo todo [...] Se dirá que la religión tuvo más parte en ello que el derecho natural. Pero derecho natural y religión estuvieron precisamente fusionados durante largo tiempo, y esta fusión influía de hecho en los hombres".[4] [el subrayado es nuestro]

Es cierto que la definición del *status* científico del derecho natural era, en los siglos XVII y XVIII, como todo lo concerniente al mismo, algo variable de autor en autor. Si en algunos fue tratado como sólo una rama del derecho, en otros fue en cambio concebido de manera más amplia, como ciencia de la política y/o ciencia de la sociedad. Sin embargo, lo indiscutible es que su predominio fue inmenso, tal como fuera puesto de relieve por Meinecke.

Veamos, a manera de breve ilustración, algunos pocos ejemplos de lo que estamos considerando, extraídos casi al azar del vasto caudal de evidencias similares.

En la Nueva España, ante la llegada, el 15 de julio de 1808, de gacetas de Madrid anunciando la renuncia de los reyes, Fray Servando Teresa de Mier impugna la cesión de la corona y apoya sus comentarios, entre otros autores, en Pufendorf:

"Pufendorf en este caso escribió así: 'como quiera que el imperio se erige por el pacto posterior entre el rey y los ciudadanos, por tanto quitado el imperio conviene que vuelva

---

[4] Meinecke, Friedrich, *El historicismo y su génesis*, México, FCE, 1982, p. 13.

a su primera forma y la soberanía retrovierte al pueblo en un interregno, en cuyo estado puede llamarse ciudad sin gobierno y ejército sin general." Esta doctrina no sólo la han adoptado en nuestro interregno las Cortes extraordinarias de España sino estableciendo que la soberanía reside esencialmente en el pueblo".

Pero comenta, respecto de las obras en que se apoyaba esa postura en la Nueva España, que se utilizaban otras más moderadas, como las de "Heineccio, y sus comentadores Almici y D. Joaquín Marín y Mendoza, catedrático de derecho natural en la Academia de Madrid".[5]

En Guatemala, el capitán general Bustamante y Guerra, doliéndose del proyecto de constitución que el diputado del ayuntamiento guatemalteco llevaba a las Cortes de Cádiz, proponía en cambio:

"Una constitución, pues, que prevenga el despotismo del jefe de la nación: que señale los límites de su autoridad: que haga del rey un padre y un ciudadano: que forme del magistrado un simple ejecutor de la ley: que establezca unas leyes consultadas con el derecho natural, que contiene en sí todas las reglas de lo equitativo y lo justo".[6]

En noviembre de 1817, en una oración fúnebre en homenaje a los soldados caídos en Rancagua, en la catedral de Santiago de Chile, decía el predicador:

"Convencidos de la justicia y santidad de la causa que sostenían, no se detuvieron en prodigar a torrentes su sangre por hacer frente al encono y furor de los tiranos. No era la guerra misteriosa de los Gabinetes, ni el empeño de ofen-

---

[5] Guerra, José [Fray Servando Teresa de Mier], *Historia de la revolución de Nueva España, antiguamente Anáhuac, o verdadero origen y causas de ella con la relación de sus progresos hasta el presente año de 1813*, edición facsimilar, Instituto Mexicano de Seguridad Social, 1980, pp. 45 y 46.

[6] Cit. en García Laguardia, Jorge Mario, Vásquez Martínez, Edmundo, *Constitución y orden democrático*, Guatemala, Editorial Universitaria de Guatemala, 1984, p. 14.

der a un rival por derechos oscuros de un Príncipe lo que les arrebata en los combates; era la necesidad de defenderse conforme a la ley natural".⁷

En el mismo año, en la ciudad de Tucumán, se afirmaba en un oficio religioso en homenaje al triunfo de las armas rioplatenses en Chile, que "Ninguna dominación soberana se constituye legítimamente sin título reconocido por el derecho natural y de gentes". Y luego de otras referencias al derecho natural, exclamaba el religioso: "Qué trastorno no introdujo el poder español á nuestro suelo inocente! Rompe la alianza pacífica, que el derecho de gentes establece entre estados independientes. Da un golpe mortal á nuestra soberanía indefensa".⁸

También en el Río de la Plata, en julio de 1820, los pueblos de la provincia de Buenos Aires expresaron sus divergencias con la ciudad capital por su pretensión de querer regular el número de representantes en forma proporcional al de la población. Ellos, en cambio, querían que cada pueblo tuviese un representante, independientemente del tamaño de su población, pues pretendían ser considerados, declaraban, como unos "cuerpos morales, que tienen de su parte todas las ven-

---

7 "Oración fúnebre por los patriotas caídos en la desgraciada acción de Rancagua, predicada en la Catedral de Santiago de Chile, el día 4 de Noviembre de 1817, por el Pbro. Julián Navarro", en Francisco Actis, *El clero argentino. Oraciones fúnebres, panegíricos y discursos inéditos de Dr. Julián Navarro, Dr. Mariano José de Escalada y Dr. José María Terrero, 1817 1854*, Colección y prólogo del Pbro. Francisco P. Actis, Teniente Cura de San Isidro, San Isidro, Edición del *Semanario San Isidro*, 1927, pp. 3 21.

8 "Oración patriótica que con motivo de los gloriosos triunfos de nuestras armas en Chile dijo el doctor don Felipe de Iriarte párroco del arzobispado de Charcas, emigrado en la ciudad de Tucumán, en 1817", Carranza, A., *El clero argentino de 1810 á 1830*, Tomo I: *Oraciones patrióticas*, Buenos Aires, 1907, pp. 259 y 265.

tajas, aun cuando el pueblo de Buenos Aires tenga la del número".[9]

El recurso al concepto de "persona moral", desarrollado por Pufendorf al comienzo de su obra principal,[10] confería a todos los pueblos bonaerenses, incluida su capital, un estatus de igualdad en cuanto a la representación política, independientemente de su tamaño, poder y riquezas, en consonancia con las normas del derecho de gentes. Se trata de un concepto que, por ejemplo, invocaba el presbítero Sáenz, rector de la recién creada Universidad de Buenos Aires, en su curso de 1823:

> "Una asociación formada con el consentimiento de los asociados, y dirigida por una o más autoridades que se expiden con la representación pública de todos, y es obligada a proveer acerca de su bien y seguridad, se ha considerado siempre como una persona moral que tiene su existencia, y funciones propias y peculiares de su especial ser y carácter moral".[11]

Pero conviene advertir que la función del derecho de gentes como conjunto de nociones que permitían expresar las relaciones sociales no debe buscarse solamente en las menciones explícitas del mismo, tales como las de los documentos recién citados. Así, si bien el concepto de

---

[9] "El Memorial" [de los pueblos de la campaña de Buenos Aires], Luján, 10 de julio de 1820, en Rodríguez, Gregorio F., *Contribución Histórica y Documental*, Tomo I, Buenos Aires, Peuser, 1921, p. 244.

[10] Pufendorf, Samuel, *Le Droit de la Nature et des Gens, ou Système General des Principes les plus importants de la Morale, de la Jurisprudence, et de la Politique*, traduit du latin par Jean Barbeyrac, Sixième édition, Basilea, 1750. Libro primero, capítulo primero, "De l'origine des Êtres Moraux, et de leurs différentes sortes en général", esp. XII y XIII, pp. 11 y sigts.

[11] Sáenz, Antonio, *Instituciones Elementales sobre el Derecho Natural y de Gentes [Curso dictado en la Universidad de Buenos Aires en los años 1822-23]*, Buenos Aires, Instituto de Historia del Derecho Argentino, Facultad de Derecho y Ciencias Sociales, 1939, p. 66.

persona moral no siempre será expreso, estará presente en los conflictos del período, en la medida en que los criterios propios del derecho natural y del derecho de gentes constituían el fundamento de las concepciones relativas a la sociedad y a la política.

Derecho natural, derecho de gentes y derecho internacional[12]

El derecho de gentes, que había sido considerado por Gayo –un jurista romano del siglo II DC– una misma disciplina con el derecho natural y que volvería a ser juzgado de manera similar en otros autores muy posteriores, como Pufendorf, había sido en cambio distinguido del derecho natural por Ulpiano, quien, además, consideraba al último como algo que regía a todo el reino animal, no sólo al género humano. Así, se lee también en las *Instituciones de Justiniano*:

> "El derecho natural es aquel que la naturaleza inspira a todos los animales. Este derecho no es especial del linaje humano sino común a todos los animales que nacen en el cielo, en la tierra y en el mar".

Mientras que –continúa– el derecho de gentes, "es decir, de todas las naciones", es "el que una razón natural establece entre todos los hombres, y se observa en casi todos los pueblos" y, como el derecho natural, tiene validez universal y perpetua. "Las leyes naturales, observadas casi en todas las naciones, y establecidas por la Providencia divina, permanecen siempre firmes e inmutables" a

---

[12] Para una mejor comprensión de lo que sigue, remito al lector al capítulo V de mi libro *op. cit.* supra, nota 1, "Síntesis de los principales rasgos y corrientes del Iusnaturalismo".

diferencia de las leyes del derecho civil, pues "las leyes que cada ciudad se ha dado suelen cambiarse a menudo, o por el consentimiento tácito del pueblo, o por otras leyes posteriores".[13]

Para algunos, entonces, una sola ciencia de la moral y la política, para otros, dos disciplinas conectadas pero distintas. Pero, en la medida en que lo que nos interesa en este trabajo es analizar lo que, como hemos visto, ha sido llamado la *función* del derecho natural a lo largo de la historia, prestaremos menos atención a la controversia suscitada en torno a ese problema. En cambio, entre las numerosas cuestiones relativas a la interpretación del papel jugado por el derecho natural en la historia,[14] quisiéramos comenzar comentando brevemente dos de ellas. Una, la de la ambigua identificación del derecho de gentes con el derecho internacional, y otra, la del equívoco proveniente de una interpretación anacrónica de la voz *derecho* incluida en la expresión *derecho natural*.

Respecto de la primera de esas cuestiones, observemos que una de las dificultades existentes para percibir la función del derecho de gentes proviene de su habitual uso como una especie de sinónimo del concepto de derecho internacional, a veces como estricto sinónimo y otras como una forma histórica de ese derecho.

Por ejemplo, según Gierke, si bien los juristas medievales partían generalmente de la común división del derecho en *jus naturae, jus gentium* y *jus civile*, luego se fue pasando a una simplificación, desembocando en la distinción de derecho natural y derecho positivo, y

---

[13] *Instituciones de Justiniano*, Edición bilingüe, Buenos Aires, Heliasta, 2ª. ed., 2005, Libro Primero, Título II, "Del derecho natural, Del derecho de gentes, Del derecho civil", p. 24.

[14] Por economía de lenguaje, en adelante utilizaremos frecuentemente la expresión *derecho natural* como equivalente a *derecho natural y de gentes*.

reduciendo el derecho de gentes a una parte del primero, atingente a las relaciones entre los Estados.[15] Asimismo, ya entrado el siglo XIX, cuando la critica del derecho natural y de gentes intentaba relegarlo al conjunto de doctrinas pasadas de moda y cuando ya hacía tiempo que Jeremías Bentham había acuñado la expresión "derecho internacional", muchos autores de tratados sobre el tema usaban ambas expresiones en forma indistinta, y todavía hoy es dable percibir a veces esa sinonimia. Andrés Bello, por ejemplo, sustituyó el título de *Principios de Derecho de Gentes* de su obra sobre el tema, usado en la primera edición de 1832, por el de *Principios de Derecho Internacional* en la edición de 1844.[16] Cabe añadir que ese cambio es además sorprendente porque el enfoque de Bello, siguiendo a Vattel, hacía del derecho de gentes una disciplina no solamente dedicada al derecho internacional, sino comprensiva de lo que hoy corresponde al derecho público y a la politología.

---

[15] Gierke, Otto von, *Natural Law and the Theory of Society, 1500 to 1800, With a Lecture on The Ideas of Natural Law and Humanity in Ernst Troeltsch*, traducido por Ernest Barker, Boston, Beacon Press, 1957, pp. 38 y 39. Gierke añade en nota que "It is only in this sense that we find *jus gentium* occurring in Hobbes", *ibid.*, nota 28, p. 234. Sin embargo, como veremos enseguida, esto no refleja la concepción que, de Hobbes en adelante, trataba al derecho de gentes como atingente a los Estados y no sólo a las relaciones entre ellos.

[16] Bello, Andrés, *Derecho Internacional, I, Principios de Derecho Internacional y Escritos Complementarios*, Caracas, Ministerio de Educación, 1954. [Primera edición: *Principios de Derecho de Gentes*, Santiago de Chile, 1832; otras ediciones: Caracas, 1837; Bogotá, 1839; Madrid, 1843; *Principios de Derecho Internacional*, segunda edición corregida y aumentada, Valparaíso, 1844]. Esa identificación de derecho de gentes y derecho internacional se puede comprobar en un prestigioso diccionario de filosofía donde se lee que "A partir de Grocio se entiende por derecho de G. a la norma no escrita que regula las relaciones entre los Estados o las relaciones entre ciudadanos de diferentes Estados, o sea el derecho natural internacional". Abbagnano, Nicola, *Diccionario de Filosofía*, México, FCE, segunda edición, 1974, entrada: "Gentes, derecho de".

Asimismo, en una prestigiada historia del derecho internacional de mediados del siglo XIX, la del diplomático norteamericano Henry Wheaton –cuyo título, además, era el de *Historia del derecho de gentes...* y no del derecho internacional–, se registraba esa característica de Vattel –proveniente de Wolff– como una anomalía. Al igual que en la obra de Wolff, observaba Wheaton:

> "el primer libro de Vattel *De la nación considerada en sí misma*, está empleado en la discusión de materias extrañas al derecho internacional, y pertenecientes a la ciencia distinta del derecho político en lo que concierne al gobierno interno de los Estados particulares. Esta parte de su asunto llena a lo menos una tercera parte de toda la obra de Vattel".[17]

Sin embargo, como veremos, el criterio de Wolff y de Vattel, así como de Pufendorf, fue el que predominó en el siglo XVIII y buena parte del XIX.

La interpretación anacrónica de la voz derecho

Respecto de la segunda de las cuestiones mencionadas más arriba, nos parece necesario, en primer lugar, diferenciar el uso habitual en nuestra época, en el que la resonancia de la voz derecho proviene de la general predominancia del derecho positivo, y en que por lo tanto se tiende a pensarlo como el conjunto de leyes emanadas de la autoridad política y los problemas derivados de su interpretación y ejecución, con un uso propio del medioevo

---

[17] Wheaton, Enrique, *Historia de los progresos del Derecho de Gentes en Europa y en América, desde la Paz de Westfalia hasta nuestros días, con una Introducción sobre los progresos del Derechos de Gentes en Europa antes de la Paz de Westfalia*, tercera edición, traducida y aumentada con un *Apéndice* por Carlos Calvo, Paris, 1861, [primera edición: 1841], p. 230.

y los primeros siglos de la edad moderna, cuando predominaba la consideración del derecho como norma de la conducta social y política. Aquella resonancia se puede percibir inclusive en uno de los mejores estudiosos del derecho natural como Norberto Bobbio:

> "Del breve panorama histórico que hemos presentado –escribía Bobbio– se deduce que hasta finales del siglo XVIII el Derecho se definía distinguiendo dos especies, la del Derecho natural y la del Derecho positivo. Estas dos especies no se consideran distintas respecto a sus cualidades o calificaciones: si se establece una diferencia entre ellas, ésta se refiere únicamente a su grado (o gradación), en el sentido de que una especie de Derecho se consideraba superior a la otra: es decir, ambos estaban situados en dos planos diferentes".

Sin embargo, la historia intelectual del medioevo muestra otra realidad. Al tratar del redescubrimiento del derecho romano y reseñar la obra de los glosadores de comienzos del siglo XII, comenta un especialista en el tema que:

> "El nuevo enfoque estaba marcado por un debate sobre cómo el derecho encaja dentro del esquema general del conocimiento. El punto de vista tradicional expresado por Isidoro de Sevilla, era que, dado que el derecho concierne a la conducta humana, debe ser clasificado dentro de la ética".[18]

Y es esta perspectiva la que de alguna manera se reproduce en la concepción que del derecho natural poseían Pufendorf, Wolff, Vattel y otros, tal como hemos visto en el

---

[18] "The new approach was marked by a debate on how law fits into the general scheme of knowledge. The traditional view expressed by Isidore of Seville, was that, since law deals with human behavior, it must be categorized under ethics." Stein, Peter, *Roman Law in European History*, Cambridge, Cambridge University Press, 1999, p. 46.

título mismo de la obra principal de Pufendorf (*Le Droit de la Nature et des Gens, ou Système General des Principes les plus importants de la Morale, de la Jurisprudence, et de la Politique*). En consonancia con tal enfoque, como veremos poco más adelante, estos autores piensan al derecho natural como aplicable a las relaciones sociales de cada nación.

El derecho de gentes como ciencia social

En los siglos XVII y XVIII, escribía el historiador del derecho norteamericano Edward S. Corwin, la doctrina del derecho natural, con sus diversos corolarios, proporcionaba los postulados básicos de la especulación teórica. En otro ámbito intelectual, Adolf Menzel señalaba a principios del siglo XX que la sociología cumplía las funciones que en los siglos XVII y XVIII fueron propias del derecho natural. Una opinión similar, desde la perspectiva de la historia del análisis económico, se encuentra en Schumpeter: "Exactamente igual que los escolásticos –escribía–, los filósofos del derecho natural aspiraban a una ciencia social amplia que abarcara la teoría de la sociedad en todos sus aspectos y todas sus actividades". Durante el siglo XVIII –continuaba– las transformaciones del derecho natural recibieron la nueva denominación de filosofía moral. En la expresión filosofía moral, sobre todo en Alemania y Escocia, la palabra 'filosofía' era utilizada:

> "en el viejo sentido de suma total de ciencias (las *philosophicae disciplinae* de santo Tomás), de modo que se puede decir genéricamente que 'filosofía moral' significa las ciencias sociales (las ciencias del espíritu y de la sociedad), en contraposición a 'filosofía natural' que denotaba las ciencias físicas y la matemática".

Consecuentemente, "La filosofía moral se convirtió en tema de unos cursos regulares en el *curriculum* universitario, integrados principalmente por la teología natural, la ética natural, la jurisprudencia natural y la política (o 'policía'), la cual incluía la economía y la hacienda pública".[19]

Llama la atención que este papel del derecho natural en los siglos XVII, XVIII y buena parte del XIX, que destacan un especialista del derecho, otro de la sociología y otro del análisis económico, haya sido en cambio poco registrado y no bien explorado por los historiadores, particularmente, los de Iberoamérica.

Pero, como también se desprende del cotejo de esos testimonios, la definición del *status* científico del derecho natural, como todo lo concerniente al mismo, es variable entre los diversos autores que han registrado su carácter trascendente al plano jurídico. A veces es calificado de ciencia de la sociedad, otras de ciencia de los principios que regían el derecho político y otras veces ubicado en el campo de la filosofía del derecho o de la filosofía política.

En cuanto a su aplicación al ámbito de lo social y lo político, esta perspectiva aparece claramente, como veremos, en autores que hacen del derecho de gentes una disciplina distinta de la del derecho natural aunque dependiente de ella. Así, ya en Grocio se puede observar una función del derecho de gentes también concerniente

---

[19] E. S. Corwin, "The 'Higher Law' Background of American Constitucional Law", *Harvard Law Review*, Vol. XLII, December 1928, No. 2, pág. 380; "En un trabajo sobre el Derecho natural y la Sociología (Viena, 1912), apunta Adolf Menzel que hoy la Sociología ha asumido funciones que en los siglos XVII y XVIII eran propias del Derecho natural, como es dar expresión a ideales, a postulados de justicia o a construcciones filosófico-históricas." El trabajo de Menzel está citado en Carl Schmitt, *Teología política, Cuatro ensayos sobre la soberanía*, Buenos Aires, Ed. Struhart & Cía, [1999 ?], pág. 56. Joseph A. Schumpeter, *Historia del análisis económico*, Barcelona, Ariel, 2ª. ed., 1982, pág. 182.

a la organización interna de los Estados, no sólo a la relación entre ellos.[20] En el caso de autores, como Hobbes y Pufendorf, que prefieren conceptuar al derecho de gentes como una mera aplicación del derecho natural al ámbito de los Estados, se observa que esa función de ciencia de lo social es concedida al conjunto del derecho natural. Esta característica ha sido señalada también en Altusio, al considerárselo como portador de un enfoque sociológico, más que jurídico.[21]

Respecto de la concepción del derecho de gentes como una disciplina distinta del derecho natural, es a partir de Wolff que esta particular forma de pensar su función toma cuerpo, aunque habrá que esperar a Vattel y sus contemporáneos para tener una formulación sistemática del mismo como disciplina a la vez de las relaciones internas y externas de las naciones. El derecho natural propiamente dicho, escribía Vattel, "es la ley natural de los individuos" y el derecho de gentes natural "es la ley natural de las sociedades políticas".[22]

En lo que ha sido llamado el derecho natural moderno o Iusnaturalismo, se registran entonces ambas posturas. Hobbes, al ocuparse de la diferencia entre el derecho natural y el derecho de gentes, sostiene que este último es el derecho natural aplicado al Estado. Y al tratar de la diferencia entre derecho y ley, escribe que la ley natural se puede dividir en natural de los hombres y natural de los Estados, que puede llamarse ley de gentes pero que

---

[20] Grocio, Hugo, *Del derecho de la guerra y de la paz*, 4 vols., Madrid, Reus, 1925, Volumen I p.60, Volumen II p. 121.

[21] Truyol y Serra, Antonio, "Presentación", en Altusio, Juan, *La Política, Metódicamente concebida e ilustrada con ejemplos sagrados y profanos*, Madrid, Centro de Estudios Constitucionales, 1990, p. XI.

[22] Vattel, Emmer de, *Le Droit de Gens ou Principes de la Loi Naturelle appliqués a la conduite et aux affaires des Nations et des Souverains*, 3 vols., Nouvelle Edition, Paris, Librairie de Guillaumin et Cie., 1863, Volumen I p. 53.

comúnmente se llama derecho de gentes. Los preceptos de ambas son los mismos, pero la ley y el derecho que aplicados a los hombres llamamos ley y derecho natural, aplicados a los "Estados y naciones enteras" se llaman ley y derecho de gentes.[23]

Algo similar puede observarse en Pufendorf, quien suscribe expresa y enfáticamente la opinión de Hobbes sobre el particular.[24] De manera que lo que podemos concluir es que el derecho natural, en la acepción de Hobbes y Pufendorf, rige también a los Estados o naciones, adquiriendo en este caso, según Hobbes, la denominación de derecho de gentes. Mientras que en Wolff y Vattel, el derecho de gentes es una disciplina distinta aunque acorde al derecho natural, pero no reducido al derecho internacional sino rigiendo también a las sociedades.[25]

Esta última característica es subrayada por Pinheiro Ferreira, en una nota a la edición de 1863 de *Le Droit de Gens...* de Vattel, al explicar que para el autor el derecho de gentes no se reducía al derecho internacional.[26]

---

[23] Hobbes, Thomas, *El Ciudadano*, Madrid, Debate, 1993, pp. 124 y 125.

[24] Pufendorf, Samuel, *Le droit de la nature et des gens...*, *op. cit* supra, nota 10, pp. 239.

[25] De manera que en todos ellos el derecho de gentes participa del carácter del derecho natural, a diferencia de Bodino que concebía al derecho de gentes como derecho positivo. Bravo Gala, Pedro, "Estudio Preliminar" a Bodino, Juan, *Los seis libros de la república*, [selección] Madrid, Taurus, 1985, p. LIII.

[26] "Mais tel n'est pas le point de vue de Vattel. La définition qu'il donne du *droit de gens*, se réfère par son extension au *jus gentium* des jurisconsultes romains, qui embrassait dans son étendue les droits de l'humanité en général, les usages communes à toutes les nations, qu'on les considérât soit comme règles de leurs relations, soit comme base des rapports sociaux intérieurs de chaque État. Pur lui, comme pour Wolff, dont il était le disciple, *le Droit de gens* n'est autre chose, dans son origine, que *le Droit naturel* appliqué aux nations (Voir sa *Préface*)." P. Pinheiro Ferreira, en Vattel, *Le Droit de Gens...*, *op. cit.* supra, nota 21, p. 75, nota.

En Vattel, pues, el derecho de gentes tiene especificidad como ciencia de las sociedades, no sólo de la relación entre ellas. Así, en las páginas iniciales del "Préface" a *Le Droit de Gens*, donde expone su manera de concebir el derecho de gentes, critica a quienes lo tratan mezclado y confundido con el derecho natural sin advertir que el derecho de gentes es "une science particulière."[27] Consiguientemente, considera las posturas de Hobbes y de Pufendorf como acertadas pero insuficientes por no haber percibido que al aplicarse a los Estados, el derecho natural sufre modificaciones provenientes de la especificidad de su objeto. Y atribuye a Wolff el mérito de haber advertido esta circunstancia.[28]

Wolff, efectivamente, sostiene que el derecho de gentes no sólo se ocupa de las relaciones entre los Estados –o naciones–, sino también de lo concerniente a los hombres como miembros de una sociedad civil, y llama a este derecho de gentes "derecho de gentes necesario o natural."[29]

Fuese por la difusión de la corriente que va de Wolff a Vattel, fuese por la de Pufendorf y de sus divulgadores en lengua francesa, Barbeyrac y Burlamaqui, la función del derecho natural y de gentes como ciencia de lo social se había generalizado. En tal sentido, se lee en Burlamaqui que el propósito de su obra era el de establecer las reglas que la naturaleza prescribe a los hombres a fin de alcanzar el objetivo de una verdadera y sólida felicidad. El sistema que organiza esas reglas, impuestas por Dios a los hombres, es lo que se denomina derecho natural ("Droit de nature"). Y

---

[27] Vattel, Emmer de, *Le Droit de Gens, op. cit.* supra, nota 21, p. 48.

[28] *Ibid.*, pp. 51 y sigts.

[29] "Le Droit naturel appliqué aux Nations s'appelle *le Droit des Gens nécessaire ou naturel*". Y agrega: "Quelques-uns d'après Grotius l'appellent aussi *le Droit de Gens interne*". Wolff, Christian L. B. de, *Institutions du Droit de la Nature et des Gens, Dans lesquelles, par une chaine continue, on déduit de la NATURE même de l'HOMME, toutes les OBLIGATIONS / tous les DROITS*, 6 vols., Leiden, 1772, Volumen VI, Capítulo I, MLXXXVIII, p. 15.

agregaba que "esta ciencia" contiene los más importantes principios de la moral, del derecho y de la política.[30]

Se trata de un criterio que había ya pasado a ser predominante en el siglo XVIII, como en 1797 lo reconocía James Mackintosh -autor de *Vindiciae Gallicae* (1791), obra escrita para criticar el texto de Burke contra la revolución francesa-, en un discurso inaugural de una serie de conferencias suyas sobre el derecho natural:[31]

> "La ciencia que enseña los derechos y deberes de los hombres y los Estados ha sido llamada, en los tiempos modernos, Derecho Natural y de Gentes. Bajo este comprensivo título están incluidas las reglas de la moralidad, cuando ellas prescriben la conducta de los particulares hacia sus semejantes, en todas las diversas relaciones de la vida; cuando ellas regulan a la vez la obediencia de los ciudadanos a las leyes, y la autoridad del magistrado al idear y aplicar las leyes; cuando ellas moderan las relaciones de las naciones independientes en la paz, y prescriben los límites a su hostilidad en la guerra".

Una parte de esta ciencia es considerada el derecho natural de los individuos, y la otra, el derecho natural de los Estados. Y es en virtud de sus principios -agrega- que se ha considerado a los Estados como *personas morales*.[32]

---

[30] "Cette science renferme les principes les plus importants de la *morale*, de la *jurisprudence* et de la *politique*; c'est à dire, tout ce qu'il y a de plus intéressant pour l'homme et pour la société.", Burlamaqui, Jean-Jacques, *Principes du Droit Naturel et des Gens*, Nouvelle édition, revue, corrigée, Tome I, París, 1820, p. 1.

[31] Sobre Mackintosh comenta Wheaton: "Hemos notado que ninguno de los publicistas que han tratado de las instituciones del derecho de gentes después de Vattel merece la reputación de clásico. El nombre de Mackintosh podría bien exceptuarse de esta observación, si hubiese completado el magnífico plan de un curso de enseñanza del derecho natural y de gentes que trazó en un discurso público pronunciado en 1797." Wheaton, Enrique, *op. cit.* supra, nota 17, p. 376.

[32] "The science which teaches the rights and duties of men and of states, has, in modern times, been called the Law of Nature and Nations. Under this comprehensive title are included the rules of morality, as

El curso de Mackintosh había comenzado en febrero de 1799 y concluyó a fines de junio del mismo año. Comprendió 39 conferencias y lo repitió con algunas variaciones el año siguiente, ante un variado público –juristas, parlamentarios, escritores, propietarios rurales– apiñados para escucharlo.[33] El discurso introductorio tuvo favorable recepción en hombres destacados como Lord Loughborough, entonces Lord Chancellor, así como en Canning y en el primer ministro Pitt, pese a la inicial alarma de algunos ante el anuncio del tratamiento, por parte del autor de *Vindiciae Gallicae*, de los principios del derecho abarcando en cierta medida los de la política.[34]

En otro campo intelectual y distinto lugar, la breve *Historia del derecho natural y de gentes* de Joaquín Marín y Mendoza, profesor designado en 1771 por Carlos III

---

they prescribe the conduct of private men towards each other in all the various relations of human life; as they regulate both the obedience of citizens to the laws, and the authority of the magistrate in framing laws and administering government; as they modify the intercourse of independent commonwealths in peace, and prescribe limits to their hostility on war. This important science comprehends only that part of private ethics which is capable of being reduced to fixed and general rules. It considers only those general principles of jurisprudence and politics which the wisdom of the lawgiver adapts to the peculiar situation of his own country, and which the skill of the statesman applies to the more fluctuating and infinitely varying circumstances which affect its immediate welfare and safety." Mackintosh, James, *A Discourse on the Study of the Law of Nature and Nations*, Edinburgh, 1838, p. 7. [Texto de sus lecciones de 1798, publicado por primera vez en 1799.]

[33] Mackintosh, Robert James (ed.), *Memoirs of the Life of the Right Honorable Sir James Mackintosh*, Second Edition on Two Volumes, London, Edward Moxon, 1836, Volumen I, p. 107.

[34] *Ibid.*, pp. 100 y sigts. El objeto del curso fue distinto del de *Vindiciae...* y otros trabajos suyos anteriores, pero los principios eran los mismos. En los primeros, buscaba defender la libertad "against the attacks of high aristocratic and despotic principles; he now came forward to defend the very foundations of society against the fury of a wild enthusiasm, which usurped the name of reason". *Ibid.*, p. 110.

para ocupar la recién creada cátedra de derecho natural, nos permite percibir una visión también confirmatoria de lo expresado. Se trata de un autor católico, adversario de los iusnaturalistas, al que la corona encargaba expresamente enseñar derecho natural expurgado de todo lo que pudiese ofender a la monarquía o a la iglesia. A través de esas páginas podemos comprobar cómo veía su autor la relación con la tradición escolástica, cómo juzgaba los aportes de Grocio y de Pufendorf –y de sus continuadores, traductores y divulgadores–, y cómo resolvía el problema de la conflictiva relación entre su atracción por autores protestantes y la ortodoxia católica. "Hablamos aquí –nos advierte– de aquellas reglas que tienen prescritas los hombres para ajustar sus acciones, ya se les considere privadamente de unos a otros, ya como unidos a cuerpos y sociedades." Realiza luego un sumario recorrido por las principales obras iusnaturalistas publicadas desde Grocio en adelante y resalta el papel de Pufendorf por su sistematización del derecho natural y de gentes y, asimismo, por ampliar su cobertura indagando "el origen y naturaleza de los Estados, con lo que empezó a incorporar en este estudio lo más acendrado de la Moral, de la Jurisprudencia y de la Política". Y añade:

> "Casi todos los demás modernos han adoptado este propio rumbo, por cuya causa está reputado por el primero que formó un sistema y cuerpo formal o regular de esta materia, que es lo que él mismo dice que se propuso."

No se le escapaba, asimismo, el papel de Wolff, a quien:

> "nadie le puede disputar –escribía– la gloria de haber sido el que puso la última mano y el que completó y redujo a perfecto orden y sistema el Derecho de Gentes. Hasta su tiempo apenas se distinguía del Derecho Natural, y los más se habían dado por satisfechos con establecer los preceptos naturales, haciéndolos comunes a los Estados y a los individuos".

Y en una breve referencia a Vattel –que coincide con el general aprecio que este autor tendría hasta bien entrado el siglo XIX– lo elogia por haber suavizado "la sequedad y aspereza del método de Wolffio [sic]", amenizando la exposición e ilustrándola en buen orden con acopio de ejemplos modernos, "de modo que, hasta el día, es la obra mejor que ha salido del Derecho de Gentes".[35]

La temática sociopolítica del derecho natural y de gentes

En contraste con las posturas escolásticas y su elaborado proceso de deducción, observaba Passerin d'Entrèves utilizando la periodización habitual, surge la doctrina moderna y racionalista del derecho natural, con su rotunda afirmación de un patrón constante y necesario de relaciones políticas y sociales.[36] Para Passerin d'Entrèves, el Derecho Natural consiste en la unión de Derecho y Ética, de Ley y Moral, pero en una forma que no anula su distinción. Y por lo tanto, puede tanto ser enfocado históricamente, en tal caso como ciencia política, o legalmente, como fundamento de una teoría del derecho.

De alguna manera, esta perspectiva posee cierta afinidad con aquélla con que Antonio Hespanha, remitiéndose a Otto Gierke y especialmente a Bartolomé Clavero, enfoca el concepto de *derecho* en el universo político del Antiguo Régimen. Se trata de un enfoque que rechaza toda separación entre derecho, moral y religión, y concibe un orden global, cuya construcción y mantenimiento estaba garantizado

---

[35] Marín y Mendoza, Joaquín, *Historia del Derecho Natural y de Gentes*, Madrid, Instituto de Estudios Políticos, 1950, [primera edición: Madrid, 1776], pp. 24, 42, 49 y 48.

[36] Passerin d'Entrèves, Alessandro, *op. cit.* supra, nota 3, p. 80.

por el complejo normativo teológico-jurídico pensado como profundamente enraizado en la naturaleza.[37]

Una rápida recorrida a la temática de algunas de las principales obras del derecho natural y del derecho de gentes nos puede ilustrar sobre el comentado carácter de la disciplina. En la dedicatoria al lector de su obra de divulgación, *De la obligación del hombre y del ciudadano según la ley natural en dos libros*, Pufendorf, además de explicar sucintamente la diferencia entre ley natural, ley civil y revelación, y las correspondientes disciplinas –"tres estudios separados", derecho natural, derecho civil y teología moral–, siente necesidad de justificar al derecho natural, fundado en la razón, frente a la teología, fundada en la revelación. Afirma entonces que "el derecho natural no se opone en modo alguno a los dogmas de la verdadera teología, sino que sólo abstrae de algunos de sus dogmas que por la mera razón no se pueden investigar". Previamente había explicado las diferencias de ambos campos, para sostener que:

> "los decretos del derecho natural se adapten sólo al tribunal de los hombres, que no se extiende después de esta vida, y son incorrectamente aplicados en muchos casos al foro o tribunal divino, que es especialmente la mira o el campo de la teología".

El fin del derecho natural "se incluye sólo en el ámbito de esta vida, y por lo tanto forma al hombre en consecuencia para que viva en sociedad con los demás" y "los límites por los que este estudio está separado de la teología moral están tan claramente definidos"[38] que constitu-

---

[37] Hespanha, António Manuel, "Pré-compréhension et savoir historique. La crise du modèle estatiste et les nouveaux contours de l'histoire du pouvoir", *Separata* de *Rättshistoriska studier*, 1993, Band XIX, p. 60.

[38] Pufendorf, Samuel, *De la obligación del hombre y del ciudadano según la ley natural en dos libros*, 2 vols., Córdoba, Universidad Nacional de

ye un caso similar al del derecho civil, de la medicina, de la ciencia natural o de las matemáticas.

En síntesis, el esfuerzo de Pufendorf en esta especie de prólogo es justificar la existencia de un campo particular del derecho natural, distinto del de la teología moral. Por otra parte, pese a que el derecho natural es así escindido de la teología, conserva la impronta ética que proviene de su origen, de manera que su propósito es el de fundar las normas morales más generales del hombre en sociedad. O, dicho de otro modo, fundamentar la convivencia social en normas éticas –propias del hombre en sociedad, cuyo objetivo es la convivencia con sus semejantes–, a diferencia de las específicas del hombre en cuanto cristiano –cuyo objetivo es la salvación mediante el culto de las virtudes cristianas contenidas en la revelación y estudiadas por la teología moral–. Esto sin perjuicio de la validez de las normas del derecho positivo, privativas de un Estado particular, pero inferiores en rango y subordinadas al derecho natural.

Conviene detenerse algo más en describir el contenido de esta obra que el mismo Pufendorf y su traductor al francés, Barbeyrac, presentaron como un compendio de su obra mayor, *Le droit de la nature et des gens...*, pero que en realidad, además de resumir temas tratados en aquélla, retoma el asunto desde una óptica diferente.[39] Así, en consonancia con la manera que estamos analizando de enfocar la función del derecho natural en los siglos XVII y XVIII, el editor de su versión en lengua inglesa lo juzga un trabajo de ciencia política y teoría social.[40] Pufendorf sería el primer filósofo de la "moderna ciencia política", aduce, en el sentido de ser el

---

Córdoba, 1980, [primera edición: Cambridge, 1682], pp. 15, 14, y 21.

[39] Laurent, Pierre, *Pufendorf et la loi naturelle*, París, J. Vrin, 1982, p. 37

[40] Tully, James, "Editor's introduction", en Pufendorf, Samuel, *On the Duty of Man and Citizen According to Natural Law*, Cambridge University Press, 1991, pp. xx y xxiii.

primero en presentar una teoría comprensiva del sistema de estados europeos que emerge luego de la paz de Westfalia (1648) que puso fin a la Guerra de los Treinta Años. Mientras Grocio y Hobbes reflejan el mundo europeo de la guerra, Pufendorf tiene por delante los efectos de la paz en la Europa del siglo XVII. La paz de Westfalia reconoció la diversidad religiosa (católicos, luteranos, calvinistas) dentro de cada unidad política y garantizó el poder supremo a los gobernantes territoriales dentro de sus dominios. Asimismo, definió el imperio germánico como una especie de confederación de esos principados independientes, cada uno de los cuales tenía el derecho limitado de formar alianzas, caracterizó Europa como un equilibrio de tales poderes políticamente independientes y tornó superflua la antigua autoridad pan europea del papado o del Imperio.[41]

Ante ese escenario, Pufendorf, por una parte, deslinda el estudio y la práctica del derecho natural, de la jurisprudencia civil y de la institución del derecho civil, y, por otra, de la teología moral y la ley divina. Al hacer eso, transforma la moralidad del derecho natural en una teoría social preocupada exclusivamente por ordenar las acciones derivadas del interés individual de los seres humanos mediante obligaciones sociales que los convierten en miembros útiles de la sociedad. De tal manera, su concepción del derecho natural conforma una nueva disciplina, independiente de los estudios legales y de la teología y posee su propio vocabulario, organizado en torno al concepto de sociabilidad [*socialitas*].[42]

Así, los capítulos iniciales del libro primero están dedicados a razonamientos sobre la naturaleza y facultades del hombre, su capacidad o incapacidad para ser objeto

---

[41] *Ibid.*, p. xviii. "The problems of constructing a natural law theory of this complex configuration –añade en el mismo lugar– were religious and political."

[42] *Ibid.*, pp. xx y sigts.

de normas. Luego trata de la ley natural, examina la fuerza y las debilidades del ser humano, su desvalimiento, comparativamente con otras especies, que le hacen imprescindible el auxilio de otros seres humanos hasta llegar a la edad de bastarse por sí mismo, y las pasiones, y medios de satisfacerlas, que le llevan a dañar a otros seres. Por lo tanto, expone las razones por las cuales considera evidente que el hombre, si quiere "estar a salvo, debe ser sociable", es decir, vivir en sociedad. En este punto, introduce un concepto central en su pensamiento, el de *sociabilidad*,[43] concepto que había sido ya usado por Grocio pero sólo como expresión de una tendencia del ser humano, mientras que Pufendorf lo elabora como punto central de lo que considera la principal ley del derecho natural: "Que todo hombre debe fomentar y conservar la sociabilidad, al menos en lo que a él respecta", razón por la cual debe buscarse que "esa sociedad esté ordenada por el derecho natural, y se prohíba todo lo que la confunde o destruye". "Los preceptos restantes –añade– son meros corolarios, por así decirlo, de esta ley general, y la luz natural dada a los hombres los insinúa evidentes."[44]

Los deberes del hombre según la ley natural conviene que sean clasificados según su objeto. Así, se dividen en deberes hacia Dios, hacia sí mismo, y hacia los demás. Luego de examinar en sendos capítulos lo concerniente a estos deberes, y en los subsiguientes otros asuntos conexos, se ocupa de los pactos, respecto de los que advierte que el hombre debe mantener la palabra empeñada, o sea cumplir promesas y pactos, para no perder los beneficios provenientes del intercambio de servicios y propiedades. Los pactos pueden ser perfectos o imperfectos, según

---

[43] Laurent, Pierre, *op. cit.* supra, nota 38, p. 93 y sigts.
[44] Pufendorf, Samuel, *De la obligación del hombre...*, *op. cit.* supra, nota 37, p. 54.

exista o no el otorgamiento a otro de un derecho a reclamar por el incumplimiento del pacto, pero es condición general que "haya voluntario consentimiento para que las promesas y pactos nos obliguen a dar o hacer algo que antes no nos comprometían, o bien omitir lo que antes teníamos derecho a hacer", consentimiento que puede ser expreso o tácito.[45] En otros capítulos trata de la propiedad, su origen y formas, del precio de las mercancías y de lo que más tarde se denominará valor de uso y valor de cambio.

El libro segundo está dedicado a diversas cuestiones políticas, y sólo en los tres últimos capítulos, de los dieciocho que contiene, aborda problemas de relaciones internacionales. Entre otros asuntos, analiza las razones por las que los hombres habían abandonado la simplicidad de las primeras comunidades y examina los motivos por los que fueron llevados a unirse en un Estado, y consigna una expresión singular, repetida luego por otros autores al pie de la letra: que "para que un Estado se una de forma regular, se necesitan dos pactos y un decreto." Un pacto con el que acuerdan vivir en comunidad, un decreto que establezca la forma de gobierno que han de adoptar, y otro pacto entre ellos y el o los gobernantes, en el que fijen sus obligaciones mutuas: la del gobernante de velar por la seguridad de los gobernados y la de éstos de obedecer al gobernante. Y solamente luego de haberse formalizado este pacto "nace un Estado regular y perfecto". Un Estado así constituido "se considera como una sola persona", con sus propios derechos y posesiones.[46]

En el capítulo dedicado a las formas de gobierno, las clasifica en regulares e irregulares. A la primera

---

[45] *Ibid.*, pp. 196 y 108.
[46] *Ibid.*, p. 210

corresponde la soberanía única: "regulares son aquéllas en la cual la autoridad suprema está concentrada en una sola entidad, de manera que una sola voluntad se transmite a todas partes y concierne al Estado sin división ni separación". E irregulares son los gobiernos en los cuales no se dan esas condiciones. Luego divide los gobiernos regulares en las tres clásicas clases: monarquía, aristocracia, democracia, según el gobernante sea uno, "un grupo selecto de ciudadanos", o el pueblo (no exactamente tal, sino "un consejo compuesto por todos los jefes de familia" en cuyas manos se encuentre la autoridad suprema). De estas tres clases de gobierno destaca la ventaja de la monarquía por facilitar la deliberación y toma de decisiones.

Además de gobiernos irregulares (por ejemplo cuando Senado y pueblo en una república tienen igual autoridad y no están obligados a dar cuenta a la otra parte de sus decisiones, o cuando los nobles se subordinan al monarca sólo como "colegas inferiores") considera la existencia de "sistemas de Estados".

"Decimos que surge un sistema cuando hay un rey o soberano común para varios reinos separados a resultas de un acuerdo, o en virtud de un matrimonio o herencia, o como consecuencia de una victoria, con la reserva de que no forman un reino sino que están administrados por un soberano común según las leyes fundamentales de cada reino."

En este punto, el segundo de los casos que analiza se aproxima a lo que se entendería por federalismo desde fines del siglo XVIII en adelante. Se trata de otra "especie de sistema", escribe, que surge:

> "cuando varios Estados vecinos están unidos por tratados perpetuos, de tal manera que ciertas funciones de la autoridad suprema, que tienen que ver con la defensa frente a los extranjeros, deben ejercerse sólo con el consentimien-

to de todos, en tanto siguen intactas la libertad e independencia de los diversos Estados".[47]

En el capítulo dedicado a las características de la autoridad civil, examina los límites de la autoridad soberana. Parte del principio de que, en cuanto tal, "no está obligada a rendir cuentas a nadie", es "superior a las leyes humanas y civiles" y por consiguiente, "no supeditada directamente a ellas". Pero observa que dado que el poder absoluto en una sola mano pueda prestarse a lesionar el interés de sus súbditos, algunos pueblos han creído conveniente limitar la autoridad real dentro de ciertos límites. Es también en este capítulo donde al distinguir los reinos patrimoniales de aquellos en el que el príncipe ha sido elegido por la voluntad del pueblo, declara que éstos no pueden ni dividir, ni enajenar ni transferir el reino a su antojo. Se trata de un criterio, no privativo de Pufendorf, que habrá de tener amplia resonancia en las revoluciones de independencias iberoamericanas.

Este texto de Pufendorf fue publicado en lengua francesa en traducción de Barbeyrac, el mismo traductor de su obra mayor, y constituyó un éxito de librería a lo largo del siglo XVIII, entre otros motivos debido a la elegancia y claridad de su estilo. Si la difusión de Pufendorf en lengua francesa fue debida sobre todo a los trabajos de Barbeyrac y Burlamaqui, un papel similar lo cumplió Emmer de Vattel con respecto a la obra de Friedrich Wolff, entre otras cuestiones, respecto de su concepción del derecho de gentes como ciencia de lo social.

En el tratado de Vattel sobre el derecho de gentes, las materias de naturaleza política y social ocupan cerca de 600 páginas sobre un total de unas 1.500. Es decir, poco menos de la mitad. El libro primero, que abarca esas 600 páginas, luego de una introducción sobre los principios

---

[47] *Ibid.*, pp. 219 y sigts.

generales de la disciplina, se ocupa "De la nation considerée en elle-meme". Trata en él, entre otras cuestiones, de las definiciones y las características de las naciones o Estados, de la soberanía y su ejercicio, de la misión del buen gobierno, del comercio y otros asuntos económicos, de la religión, de la justicia, de las relaciones de los ciudadanos con su Estado y de la noción de Patria. Recién en el libro segundo comienza el tratamiento de asuntos de derecho internacional "De la nation considéré dans ses relations avec les autres", mientras el libro tercero se ocupa "De la guerre", y el cuarto, "Du rétablissement de la paix et de les ambassades".

Comprobaciones similares pueden efectuarse en la obra de otros autores, como, por ejemplo, Burlamaqui o Heineccio, salvando las diferencias provenientes de los distintos criterios con que cada uno considera algunos asuntos de la disciplina. En todos ellos es de notar cómo las cuestiones que luego serán delimitadas y separadas, tales como las de la ética individual o colectiva y la de la propiedad y otros asuntos de derecho económico y aun de economía política, son tratadas como formando parte de una misma disciplina. Por ejemplo, cuando Heineccio explica que ha tratado de los deberes hacia los otros hombres y distingue los deberes perfectos, que se dividen en absolutos –no dañar a nadie– y en hipotéticos –dar a cada uno lo suyo–, pasa de inmediato a explicar este último en un parágrafo que titula "Qué se entiende por cosa propia, y qué por dominio, posesión, propiedad y comunión [de bienes]"[48], dando entrada así a cuestiones que más tarde se distinguirán como específicamente económicas.

---

[48] Heineccio, *Elementos del derecho natural y de gentes*, corregidos y aumentados por el Profesor D. Mariano Lucas Garrido, a los que se añadió los de la Filosofía Moral del mismo autor, Tomo I, Madrid, 1837, Primera parte, Derecho natural, p. 161.

Luego, en la segunda parte de su obra, sobre el derecho de gentes, -que concibe como "el mismo derecho natural aplicado a la vida social del hombre y a los asuntos de las sociedades y naciones cultas"-,[49] se ocupará sucesivamente de asuntos que hoy distinguimos como propios de la vida privada, unos, o de la pública los otros: las relaciones conyugales, la de padres e hijos, amos y siervos, la familia, la sociedad civil, la soberanía y la ciudadanía.

Heineccio –uno de los autores de mayor difusión en el mundo hispánico e hispanoamericano durante las segunda mitad del siglo XVIII y la primera del siguiente– no hacía otra cosa que seguir a Pufendorf, quien luego de haber ahondado en la noción de persona moral de una manera que dejará profunda huella en la literatura iusnaturalista, y de haber abordado la clásicos temas de los deberes del hombre hacia Dios, hacia sí mismo y hacia sus semejantes, se ocupaba de las cuestiones de la propiedad y las formas de su transmisión, de las diversas formas de contratos de lo que consideramos de derecho privado, para pasar sin solución de continuidad a los contratos propios del derecho público, fundamentalmente el contrato de sociedad –con su prólogo sobre el estado de naturaleza- y el de sujeción, y otras materias relativas a la constitución y ordenamiento de la sociedad civil.[50]

La función del derecho canónico

La perduración del derecho natural a partir de las independencias, tanto en la enseñanza como en la vida privada y pública, ha sido comprobada desde México a

---

[49] *Ibid.*, Parte segunda, Derecho de gentes, p. 5.
[50] Pufendorf, Samuel, *Le droit de la nature et des gens...*, op. cit. supra, nota 10.

Buenos Aires. Sin embargo, en los países en que el catolicismo constituía el culto predominante, nociones de lo que puede considerarse la ciencia de la sociedad y de la política eran también transmitidas por los estudios de derecho canónico. Por una parte, porque éste conservaba el rasgo señalado por Passerin d'Entrèves, de haber sido durante la Edad Media uno de los principales vehículos transmisores del derecho natural.[51] Y, por otra, por la propia naturaleza de los asuntos que constituían su objetivo.

Posteriormente al medioevo, el derecho canónico fue una disciplina básica de los estudios jurídicos y así se la encuentra en la enseñanza del derecho, además del de la teología, en Hispanoamérica. En la recién creada Universidad de Buenos Aires, en 1821, las tres disciplinas del primer año de los estudios de derecho fueron Instituciones de derecho natural y de gentes –a cargo del rector de la universidad, el Prbro. Antonio Sáenz–, Instituciones de derecho público eclesiástico [parte del derecho canónico] –a cargo del Prbro. Eusebio Agüero–, e Instituciones de derecho civil –a cargo del benthamista abogado Pedro Somellera–.

¿Cuáles eran los contenidos del derecho canónico que pueden ser considerados propios de la ciencia social? Por una parte, en sociedades en que constituía un instrumento fundamental para la transmisión y conservación de las normas morales que guiaban la conducta privada y pública de los fieles, el derecho canónico era fuente de buena parte de las pautas que regían las relaciones sociales. Entre las más relevantes, las cuestiones concernientes a matrimonios, herencia, relaciones de padres e hijos, son por demás conocidas. Por otra parte, en cuanto tendía a definir las relaciones de las instituciones eclesiásticas con el poder civil, el derecho

---

[51] Passerin d'Entrèves, Alessandro, *Natural Law, An Introduction to Legal Philosophy*, London, Hutchinson's Universitary Library, segunda edición, 1970, p. 80.

canónico establecía normas de vida política fundamentales para tales sociedades. Veamos esto en un caso concreto, el de la cátedra de derecho canónico de la Universidad de Buenos Aires, recién mencionada, de la que se editaron las lecciones de su profesor, Eusebio Agüero.[52] Al tratar "de los principios y fuentes del derecho eclesiástico", Agüero declara que el derecho natural era una fuente fecunda y exacta:

> "del derecho eclesiástico, ya divino, ya humano. En comprobación de esta verdad, basta advertir que el derecho natural y la ley moral son necesarias e inmutables, y que ni Jesu-Cristo quiere ni la iglesia puede alterar o contradecir sus disposiciones".[53]

Y añade: "Luego todo lo que es opuesto a la ley natural y moral se opone también a la voluntad de Jesucristo, y a la intención de su iglesia". De inmediato, aplicando estos principios al orden político, agrega:

> "Por este principio deben resolverse todas las prevenciones que el derecho sacro quiera intentar sobre la magestad. El pacto de unión y sujeción de los ciudadanos produce obligaciones naturales, que afectan a los socios, a la comunidad, y al gobierno que la rige: luego ni Jesu-Cristo quiere, ni la iglesia puede establecer leyes, que alteren estas obligaciones, y frustren los fines y bienes de la sociedad".

Y consecuentemente con esos criterios, aborda la vieja cuestión del tiranicidio condenando las posturas favorables a la misma.[54]

---

[52] Agüero, Eusebio, *Instituciones de derecho Público Eclesiástico, Por el Doctor, D. Eusebio Agüero, Catedrático de Cánones de la Universidad de Buenos Aires*, Año de MDCCCXXVIII. Sobre Agüero y sus *Instituciones...*, véase Cutolo, Vicente Osvaldo, *Eusebio Agüero. Su actuación en la cátedra de derecho canónico de la universidad de Buenos Aires y las Instituciones de derecho público eclesiástico*, Santa Fe, 1951.

[53] Agüero, Eusebio, *ibid.*, p. 22.

[54] *Ibid.*, pág 42.

En estas páginas iniciales se puede comprobar, según surge de los rasgos recién resumidos, que el catedrático se inclinaba a una versión del derecho canónico congruente con la orientación política del reformismo rivadaviano de esos años. Según ha sido bien advertido, ese derecho cobraba aún mayor importancia en la medida en que "la incomunicación oficial entre el Río de la Plata y Roma ponía sobre el tapete el espinoso problema de la relación entre el pontífice romano, las Iglesias locales y los gobiernos rioplatenses".[55]

Al respecto, es necesario tener cuenta que las clases de Agüero se guiaban por un autor de derecho canónico, Javier Gmeiner, adepto al josefinismo, esto es, a las posturas formuladas por Febronio que supeditaban la Iglesia al Estado y tendían a atenuar el poder del Papa y acentuar el de los obispos. Consiguientemente, Agüero afirmaba, por ejemplo, que "la infalibilidad del papa, y su superioridad sobre los concilios generales, están en oposición con la doctrina y tradición constante de la iglesia".[56]

La obra de Gmeiner fue posteriormente publicada, en 1835, por la Universidad de Buenos Aires, para su utilización en la enseñanza, en una edición en lengua latina a cargo de Dalmacio Vélez Sársfield.[57] Es asimismo significativo que otro autor citado por Agüero, de postura también galicana y regalista, de mucha difusión desde el siglo

---

[55] Di Stefano, Roberto, "Eusebio Agüero", en Calvo, Nancy, Di Stefano, Roberto y Gallo, Klaus (comps.), *Los curas de la Revolución. Vidas de eclesiásticos en los orígenes de la Nación*, Buenos Aires, Emecé, p. 312.

[56] Agüero, Eusebio, *op. cit.* supra, nota 51, p. 92.

[57] *Institutiones Juris Ecclesiastici. Xmeineri Xavieri. Metodo cientifica adornatae*, Buenos Aires, 1835, 2 vols. Véase al respecto Cutolo, Vicente Osvaldo, *Eusebio Agüero, op. cit.* supra, nota 51. Asimismo, Di Stefano, Roberto, "De la cristiandad colonial a la Iglesia nacional. Perspectivas de investigación en historia religiosa de los siglos XVIII y XIX", Andes. Antropología e Historia, Número 11 (2000), pp 83-113

XVIII en España y sus colonias, era el teólogo de Lovaina Zegen Van Espen, que fuera separado de la enseñanza por sus simpatías hacia el jansenismo.[58]

Consecuente con tales posturas, Agüero sostenía que la separación de la Iglesia por efecto de la excomunión no privaba a las personas del goce de los derechos de hombre libre garantizados por la sociedad civil.[59] Por otra parte, los derechos del clero no lo amparaban totalmente frente a la autoridad civil. Es decir, el fuero eclesiástico no era absoluto pues era una concesión del poder civil que podía ser suspendido por decisión del mismo.

> "El privilegio del fuero, pues, no conviene a los clérigos, ni por derecho natural, ni divino, ni eclesiástico: luego donde quiera que él exista no puede tener otro origen que la piedad generosa de los gobiernos civiles, que ha querido distinguir de este modo el estado clerical: luego siempre que este privilegio esté en oposición con los intereses políticos de un país, o con los principios sociales, que en él se profesan, pueden los gobiernos, sin mengua alguna de su piedad, y sin ofensa del estado eclesiástico despojar de él al clero, y sujetarlo al fuero común."[60]

La concepción de una iglesia sometida al Estado, que fue corriente fuerte en la España del siglo XVIII, tal como, en otros testimonios lo prueba la preferencia por Heineccio en la enseñanza del derecho, persistía en su ex colonia con aprobación de buena parte del clero. Es esta particularidad la que debe tenerse en cuenta cuando se advierta que todavía en 1850 Juan Bautista Alberdi encarecía el estudio del derecho canónico, o cuando asimismo se repare en que su enseñanza en las universidades

---

[58] Fantappiè, Carlo, *Introduzione storica al diritto canonico*, Bologna, Il Mulino, 1999, p. 211.
[59] Agüero, Eusebio, *op. cit.* supra, nota 51, p. 37
[60] *Ibid.*, p. 213.

nacionales perduró hasta fines del siglo XIX.[61] En noviembre de 1869, en la Universidad de Córdoba, por sugerencia del entonces ministro de Justicia e Instrucción Pública Nicolás Avellaneda, se modificaron los planes de estudio. En la nueva organización de la Facultad de Derecho, aprobada en enero de 1870, se incluía en primer y segundo año una cátedra de derecho canónico público y privado,[62] y todavía en los primeros años del siglo XX se conservaba una asignatura consagrada al derecho público eclesiástico.[63]

Quizás la parte más significativa de las lecciones de Agüero con respecto a las relaciones de Iglesia y Estado es la contenida en la Sección 30, "De la potestad de los gobiernos civiles sobre las cosas sagradas", en especial, en lo referido a la tolerancia de cultos. Agüero adopta allí la postura de declarar que la iglesia católica es intolerante en cuestiones de dogma pero políticamente tolerante. La iglesia no puede "reconocer la verdad de otra fe ni la santidad de otra doctrina que la suya", razón por la cual "es por sus principios y por su naturaleza intolerante". Pero el

---

[61] Alberdi, Juan Bautista a González, Lucas (joven argentino que estudiaba Derecho en la Universidad de Turín), Valparaíso, 16 de abril de 1850, en Alberdi, Juan Bautista, *Obras completas*, Buenos Aires, 1886, Tomo 3, p. 345; el plan de estudios de la Facultad de Derecho de la Universidad de Buenos Aires aprobado en 1888 incluía la asignatura en el tercer año. Véase "Plan de estudios", en *Anales de la Universidad de Buenos Aires*, Tomo IV, Buenos Aires, 1888, p. 146.

[62] Garro, Juan M., *Bosquejo Histórico de la Universidad de Córdoba*, Buenos Aires 1882, p. 373. El texto utilizado en su enseñanza era el de Fernando Walter, autor de un *Manual del Derecho Eclesiástico Universal*, Madrid y Lima, 1844, traducción al español de la versión francesa de 1840 con arreglo a la octava edición alemana. También se utilizaba el texto de Dalmacio Vélez Sarsfield, *Derecho Público Eclesiástico (Relaciones del Estado con la Iglesia en la antigua América española)*, Buenos Aires, 1854.

[63] Buchbinder, Pablo, *Revolución en los claustros*, Buenos Aires, Sudamericana, 2008, p. 80.

derecho canónico, en la opinión de Agüero, admite que "todo gobierno debe ser constitucionalmente tolerante respecto de toda religión o secta, cuyas máximas estén de acuerdo con la moral pública", pues se hallan en la misma situación que la de la iglesia católica, al ser independientes de la sociedad civil en materias de religión y no verse impedidas del libre ejercicio de su culto. Sin dejar de dar cuenta de la diferencia entre tolerancia y libertad de cultos, Agüero se ciñe a la noción de tolerancia, en una dilatada defensa de la misma –hasta que el texto se trunca por razones ignoradas–, fundada tanto en razones de derecho canónico como en la de la realidad de un mundo en que los intercambios comerciales unen grupos humanos de distintos cultos.[64]

El profesor de cánones era consciente de que su texto poseía "una particular importancia por la situación política de nuestro País". Y añadía:

"Hoy que se trata de fijar los derechos fundamentales de la Nación, y las obligaciones y derechos de los ciudadanos, es de grande trascendencia que se conozcan bien los límites de la jurisdicción eclesiástica y los deberes y exenciones que de ella pueden derivar, sin que en ningún sentido menoscaben las prerrogativas sociales. Que se sepa que los eclesiásticos pueden profesar y enseñar los preceptos de la Religión y de la Moral con toda la dulzura y la liberalidad de su institución, y con la debida tolerancia hacia las demás profesiones religiosas. Que se entienda que lejos de formar una sociedad aislada dentro de la gran sociedad de la Nación, son primitivamente miembros y súbditos de ésta, y que por alto que sea el origen de la autoridad eclesiástica, jamás puede ejercerse en perjuicio y detrimento

---

[64] Agüero, Eusebio, *op. cit.* supra, nota 51, pp. 243 y sigts. Véase una exposición más detallada de los argumentos de Agüero en Di Stefano, Roberto, "Agüero", *op. cit.* supra, nota 54, pp. 314-318.

de los derechos natos de la sociedad, y de los Poderes y las leyes que rigen".[65]

Pero además, las consideraciones de Agüero cobraban también especial significación debido a un particular problema que aquejaba a la comunidad eclesiástica rioplatense:

"Agüero sustenta la hipótesis que rige todo el andamiaje político-eclesiástico de los gobiernos rioplatenses post-revolucionarios: dada la incomunicación con Roma, los obispos rioplatenses han recuperado todas las facultades que habían cedido al Papa para poder cumplir con su deber de gobernar a sus Iglesias. Y el hecho de que en aquellos años ya hubiesen muerto o escapado los obispos obliga a considerar como detentor de tales facultades, por delegación, al cabildo eclesiástico y al provisor que excepcionalmente gobiernan cada diócesis."[66]

En síntesis, el texto de Agüero a la vez que nos permite percibir cómo ciertos contenidos del derecho canónico eran parte de la ciencia de la sociedad y de la política, nos muestra asimismo, en concordancia con tal naturaleza, su nexo con la particular situación política del Río de la Plata.

* * *

A lo largo de nuestros estudios sobre las independencias hemos comprobado la inexistencia de las actuales naciones iberoamericanas, y de sus correspondientes nacionalidades y, asimismo, que los fundamentos intelectuales y políticos de la época no provenían de autores prestigiosos, de influencia ocasional pero no predominante, sino

---

[65] Cit. en Cutolo, Vicente Osvaldo, *op. cit.* supra, nota 51, p. 23.
[66] R. Di Stefano, "Agüero...", *op. cit.* supra, nota 54, p. 316.

de otro tipo de doctrinas, constitutivas del derecho natural y de gentes, de las que surgían las diversas iniciativas para llenar el vacío de poder proveniente del colapso de la monarquía castellana.

El derecho natural y el derecho canónico nutrían las posturas políticas aún de aquellos que no eran letrados, en tiempos en que el conocimiento se transmitía no sólo a través de libros o de la prensa sino también de manera informal, en tertulias y otras formas de sociabilidad. Por tal motivo, era generalizada la vigencia del principio del consentimiento -también fundamental en las relaciones privadas- así como del concepto de soberanía y otros que eran objeto de estudio en las obras de derecho natural.

De tal manera, la legitimidad política no se basaba en sentimientos de identidad sino en relaciones contractuales, guiadas por el principio del consentimiento, esencial al derecho natural y de gentes.[67] "Nadie me puede obligar a ingresar en una asociación política sin mi consentimiento", "nadie puede imponernos tributos que no han sido consentidos por nosotros o por nuestros representantes", eran posturas generalizadas a lo largo de las tres Américas. El principio del consentimiento, generalmente asociado a los conflictos en torno a los impuestos en los inicios de la revolución norteamericana, era una norma del derecho natural y de gentes mucho más amplia que su aplicación a la fiscalidad. Es cierto que, como ocurre con todas las normas que rigen a las sociedades, no siempre fue respetado, pero no por eso dejaba de ser uno de los fundamentos de la acción política. La norma del consentimiento está en la raíz de los conflictos políticos desatados a partir de las independencias, como se comprueba en el conflicto entre centralistas y "federales" -"unitarios

---

[67] Véase, al respecto, Chiaramonte, José Carlos, "The Principle of Consent...", *op. cit.* supra, nota 2.

y federales" en el caso rioplatense–, cuando los "pueblos" rechazaban ser incorporados a estados cuya estructura no tuviese su consentimiento, así como en otras cuestiones, tales como las abordadas por Eusebio Agüero en su obra de derecho canónico.[68]

Se ha afirmado con razón que a lo largo de la historia el ejercicio del poder requiere ser justificado mediante un principio que posea consenso en la sociedad.[69] Tanto en América como en Europa, durante los siglos XVII, XVIII y buena parte del XIX, fue el derecho natural el que expresaba ese consenso y constituía, como hemos visto, el fundamento de la ciencia y de la práctica política, y definía las bases de la conducta política, no sólo de las naciones entre sí, sino también en la organización interna de las naciones.

---

[68] Agüero, Eusebio, *op. cit.* supra, nota 51, pp. 173 y 184.
[69] Bobbio, Norberto y Bovero, Michelangelo, *Origen y fundamentos del poder político*, México, Grijalbo, segunda edición, 1966, p. 20.

II.
LA FUNCIÓN DEL DERECHO NATURAL: DISCREPANCIAS HISTORIOGRÁFICAS

Una vez verificada la concepción del derecho natural de varios de sus principales exponentes en los siglos XVII y XVIII, cabe preguntarse en qué medida esas concepciones guiaban la conducta de los individuos, asociaciones y gobiernos. Esto es, en qué medida el derecho natural fue una fuerza histórica eficaz, y no solamente una mera cobertura discursiva de la acción humana.

En realidad, esta inquietud es parte de una más general, la que atañe al valor de las ideas en la historia. Es evidente que si la respuesta se busca en la relación de alguna doctrina o concepto teórico y determinados hechos, no puede dejar de ser negativa. Buscar, por ejemplo, el efecto de *El contrato social* de Rousseau en el estallido de las independencias iberoamericanas puede ser frustrante. Porque la conversión de las ideas en fuerzas históricas no es tan inmediata ni tan simple. Generalmente se trata de procesos lentos y demorados en el tiempo, en los que ideas y doctrinas van modelando la conducta, individual o colectiva y en los que el efecto de nuevas obras es por lo tanto mediado por el resultado de esos procesos.

Una sorprendente aproximación a lo que referimos fue hecha no por un historiador sino por un poeta, Paul Valéry, en el prólogo a una edición de las *Cartas Persas* de Montesquieu aparecida en 1926, un texto que anticipa puntos de vista que recogerá la historiografía de la segunda mitad del siglo XX.

"Una sociedad –escribía Valéry– se eleva desde la brutalidad hasta el orden. Ya que la barbarie es la era del *hecho*, es, pues, necesario que la era del orden sea el imperio de las *ficciones,* pues no hay poder capaz de fundar el orden en la sola coacción de los cuerpos por los cuerpos. Se hacen necesarias fuerzas ficticias."

Consiguientemente, se desarrolla "un sistema fiduciario o convencional" que produce "compromisos y obstáculos imaginarios que tienen efectos bien reales" y que se convierten en esenciales para la sociedad. Y agrega:

"Poco a poco, lo *sagrado,* lo *justo,* lo *legal,* lo *decente,* lo *laudable* y sus contrarios, se graban en las mentes y se cristalizan. El Templo, el Trono, el Tribunal, la Tribuna, el Teatro, monumentos de la coordinación, algo así como puntos geodésicos del orden, van surgiendo a su vez. Incluso el Tiempo se adorna: los sacrificios, las audiencias, los espectáculos fijan sus horarios y sus fechas colectivas. Los ritos, las formas, las costumbres llevan a cabo el adiestramiento de los animales humanos, reprimen o dan medida a sus movimientos inmediatos [...] Y todo ello subsiste por el poder de las imágenes y de las palabras".

Es así que:

"Tan natural como la naturaleza nos parece entonces el mundo social, un mundo al que sólo la magia sostiene. ¿O no es un edificio de encantamientos un sistema como éste, basado en escrituras, en palabras acatadas, promesas mantenidas, imágenes eficaces, costumbres y convenciones observadas –ficciones puras todo ello–?"

De manera que:

"A la larga, sucede que el mecanismo de una sociedad se complica con resortes tan indirectos, recuerdos tan confusos y cambios tan numerosos, que uno acaba perdiéndose en una trama de prescripciones y relaciones inextricables. La vida del pueblo organizado está tejida con lazos múltiples que, en su mayoría, se pierden en la historia y se anudan en los tiempos más remotos y en circunstancias que no se repetirán jamás. Nadie sabe ya cuáles fueron sus decursos ni puede seguir sus amarres".[70]

Recordando nuevamente a Rousseau, es de destacar la similitud en la forma de percibir la función histórica de las ideas:

"Puesto que ningún hombre tiene por naturaleza autoridad sobre su semejante, y puesto que la fuerza no constituye derecho alguno, quedan sólo las convenciones como base de toda autoridad legítima entre los hombres".[71]

A lo largo de la baja Edad Media, lo que se ha llamado visión ascendente del origen del poder había adquirido amplia difusión. El resurgir del derecho natural a fines del siglo XVI, con su énfasis contractualista dirigido a limitar el ejercicio del poder, encontró fuerte asidero en nociones consensuadas de antiguo, se convirtió en una firme base para corporaciones o individuos en sus relaciones con las distintas instancias del poder y tendió a adquirir la calidad de esas nociones consensuadas implícitas en la acción de los diferentes actores históricos.[72]

Pero, a medida que se avanza en el estudio de la historia iberoamericana, se nos impone con fuerza el interés por las razones que habían condicionado el olvido, o la subestimación, de los estrechos vínculos del principio del

---

[70] Valéry, Paul, *Estudios literarios*, Madrid, Visor, 1995.

[71] Rousseau, Jean Jacques, *El contrato social*, en *Obras Selectas*, Buenos Aires, El Ateneo, Segunda edición, 1959, p. 847.

[72] Concepto implícito en la "fórmula política" que Bobbio toma de Gaetano Mosca, según la cual, "en todos los países llegados a un nivel medio de cultura, la clase política justifica su poder apoyándolo en una creencia o en un sentimiento generalmente aceptados en aquella época y en aquel pueblo". Mosca, Gaetano, *Storia delle dottrine politiche*, cit. en Bobbio, Norberto y Bovero, Michelangelo, *Origen y fundamentos del poder político*, Mexico, Grijalbo, segunda edición, 1966, Primera Parte, Bobbio, Norberto, "El Poder y el Derecho", p. 20.

consentimiento con el conjunto del derecho natural y de gentes. Y simultáneamente, parece cada vez más interesante comparar esta anomalía con otra de no menor interés surgida de aquélla. Esto es, la de las limitaciones que el nacionalismo ha impuesto a los historiadores en el estudio de la historia nacional. De esta manera, el resultado final ha sido, a la par que el tratamiento del tema original, su utilización también como medio de examinar el efecto de algunos de los supuestos que pueden limitar la investigación histórica.

Así como el análisis de esos supuestos resulta interesante desde el punto de vista historiográfico, también es cierto que hay evidencias que pueden generar malestar. Evidencias tales como, por ejemplo, la afirmación de la inexistencia de las nacionalidades iberoamericanas en tiempos de la independencia o, consiguientemente, que las llamadas "provincias" en lugares como el Río de la Plata, no fueron sino estados soberanos e independientes hasta mediados de siglo.[73] La incomodidad que suele provocar este tipo de afirmaciones puede explicarse por su vínculo con una cuestión de mayor trascendencia. Esto es, si la historia nacional debe concebirse, al igual que otras disciplinas, como una conjunción de búsqueda y transmisión de conocimientos válidos, o si en cambio tiene una cualidad única, que la distingue de todo otro saber: el excepcional objetivo político de contribuir a la formación de la conciencia nacional, objetivo para el cual el supuesto de una nacionalidad primordial parecería imprescindible. Pero no cabe duda de que la atribución al cultivo y enseñanza de la Historia de un propósito como el de formar la conciencia nacional –concepción recibida de las historiografías alemana y francesa del siglo XIX–,

---

[73] Me he ocupado del problema en el Capítulo I de este libro.

equivale lisa y llanamente, por más encomiable que pareciese desde el punto de vista ético, a lo que en toda investigación es un prejuicio. Y, por otra parte, lleva consigo el riesgo de colocar en manos de los funcionarios encargados de tomar las decisiones de política educativa la función de delimitar la búsqueda del conocimiento.

Si lo que parece una intromisión de un sector ajeno a la comunidad científica es preocupante, mucho más lo es que el historiador mismo asuma esas limitaciones. Porque, si bien ellas pueden ser pensadas como un servicio a los más altos intereses de la sociedad a la que pertenece, también podría interpretarse que se trata de uno de los mecanismos informales de autocensura mediante los cuales el intelectual evita los riesgos e incomodidades que el ejercicio de su función le puede acarrear. Es decir, si bien el historiador no puede ignorar la posible repercusión política de su trabajo, ni desinteresarse por el consumo político de los productos de su disciplina, tampoco puede compartir un falseamiento de las normas básicas de su oficio por más fuerte que, aparentemente, sea la intención ética que lo anime.

Efectos de algunos prejuicios historiográficos

Precisamente, en el caso de los estudios sobre la génesis de las naciones iberoamericanas, las mayores dificultades para su abordaje residen, por una parte, en las limitaciones emergentes de los presupuestos recién comentados y de la pretensión ética que los acompañan, presentes en las más variadas corrientes historiográficas. Por otra parte, esas dificultades pueden provenir también de limitaciones que son ecos de antiguas fricciones de base ideológica, tales como las vinculadas a la valoración del pasado colonial y al papel de las metrópolis ibéricas y de la Iglesia católica.

Recurriendo nuevamente a un ejemplo utilizado más arriba, la afirmación de que en la primera mitad del siglo XIX y luego del comienzo del movimiento de independencia las llamadas "provincias" no eran provincias sino Estados autónomos y soberanos, o aspiraban a serlo, es de notar que esto contradecía buena parte de la tradición historiográfica argentina.[74] De tal manera, si se intenta avanzar en el trabajo de explicar esa contradicción, surgen cantidad de problemas que requieren nuevos modos de explicarlos. Uno de esos problemas, el de la también aparentemente contradictoria coexistencia, en esas mismas "provincias", de tendencias de autonomía soberana y de organización nacional. Otro, el del conflicto entre unitarismo –centralismo– y federalismo, un conflicto que ha sido tradicionalmente mal interpretado mediante conceptos como el de egoísmos particularistas, política facciosa o caudillismo.

Para poder enfocar mejor estas cuestiones es necesario advertir que gran parte de la confusión reinante en la historiografía latinoamericanista respecto de los primeros conatos de organización política independiente proviene de una interpretación anacrónica del lenguaje político de la época, anacronismo propiciado por efectos del comentado nacionalismo historiográfico. Pues, en efecto, la revisión del uso de época de conceptos claves como los de *nación, nacionalidad, patria, pueblo, federalismo, ciudadano, vecino, democracia*, entre otros, permite asir la raíz de esa confusión.[75] Particularmente, es el persis-

---

[74] Respecto de la calidad estatal de las provincias rioplatenses, véase Chiaramonte, José Carlos, "El federalismo argentino en la primera mitad del siglo XIX", en Carmagnani, Marcelo (comp.), *Federalismos latinoamericanos: México/Brasil/Argentina*, México, El Colegio de México/F.C.E., 1993.

[75] Sobre la revisión del vocabulario político de la época de las independencias, véase nuestro libro *Ciudades, provincias, Estados: Orígenes de*

tente estrellarse contra la ambigüedad del vocablo *nación* una de las principales claves para encontrar la solución del embrollo, porque el claro discernimiento de que el uso político del término *nación* en la época ignoraba la noción de nacionalidad, que inconscientemente estamos inclinados a adherirle, permite advertir el sustrato iusnaturalista del pensamiento del período.

Efectivamente, el criterio de "poner" la nacionalidad y la nación en los comienzos de la Independencia, en lugar de advertir su carácter de resultado de un generalmente largo proceso por ella abierto, ha ido unido al olvido de ciertas circunstancias fundamentales: que la noción de nacionalidad se difunde muy tarde, como efecto de la difusión del Romanticismo; que el término *nación*, en la época sinónimo del de *Estado*, era ajeno a la noción de *nacionalidad* pues designaba a "un conjunto de gentes que vive bajo un mismo gobierno y unas mismas leyes", y que la formación de los nuevos Estados en las primeras décadas del siglo XIX se formulaba en términos contractualistas propios del racionalismo heredado de la Ilustración y de las normas del derecho natural y de gentes.[76]

De esta manera, la revisión del vocabulario político de tiempos de la independencia nos enfrenta al descubrimiento de lenguajes distintos pero tanto o más significativos que el que, por ejemplo, había ofrecido hasta entonces la unilateral construcción en la historiografía argentina de una tradición liberal del pensamiento político, ese paradigma alguna vez llamado "tradición de Mayo",

---

la nación argentina (1800-1846), Buenos Aires, Ariel, 1997; asimismo: Goldman, Noemí (dir.), *Lenguaje y revolución, conceptos políticos clave en el Río de la Plata, 1780-1850*, Buenos Aires, Prometeo, 2008.

[76] Véase, al respecto, el Capítulo I de este libro.

en la que la *Enciclopedia* francesa y Rousseau habían sido convertidos en núcleo y símbolos a la vez.

Al llegar a este punto, surge una pregunta clave: ¿de dónde provenía ese lenguaje?, para cuya respuesta nada mejor que examinar los contenidos de la enseñanza superior de la época, en los que advertiremos que el lenguaje político, transmitido por los letrados de ese entonces era, en gran parte, el de los tratados de derecho natural y de gentes, frecuentemente por efecto de la lectura de autores tales como Vattel, Burlamaqui o Heineccio, menos famosos hoy que, entre otros, los transitados Rousseau o Suárez. Se trata de una comprobación, la del trasfondo iusnaturalista del pensamiento político iberoamericano, que resultó, y continúa resultando, de la mayor riqueza, pero que frecuentemente genera dos opuestas reacciones, una de rechazo, otra de complacencia, por motivos no precisamente historiográficos y que será útil analizar.

Pero, previamente, es de observar que la significación del derecho natural y de gentes en la formación de la conciencia política de los hombres que participarían de los movimientos de independencia ha tenido un enfoque parcialmente distinto en la historiografía norteamericana y en la iberoamericana. Mientras en la historiografía latinoamericanista la función del derecho natural es escasamente registrada,[77] en los estudios sobre el pensamiento político en las colonias angloamericanas, en cambio, la

---

[77] Una notable ausencia de todo registro del iusnaturalismo puede observarse en la Historia de América Latina de la Universidad de Cambridge: Bethell, Leslie (ed.), *The Cambridge History of Latin America*, Volumen II, *Colonial Latin America* y Volumen III, *From Independence to c. 1870*, Cambridge, Cambridge University Press, 1984. Las únicas referencias al derecho natural se encuentran en el Volumen I, y se limitan a los teólogos de la neoescolástica española del siglo XVI, Suárez, Mariana y Vitoria: Cf. Brading, David, "Bourbon Spain and its American Empire", en *Ibid.*, Volumen I. pp. 393 y 437.

presencia del iusnaturalismo, esto es, del derecho natural no escolástico, ha sido ampliamente reconocida. No sólo en clásicas obras, aunque relativamente recientes, como las de Bernard Bailyn, Michael Zuckert o Brian Tierney, sino ya en trabajos muy anteriores, como los de Andrew C. McLaughlin o de Benjamin Wright, publicados en 1931 y 1932, respectivamente.[78] Sin embargo, como veremos en el tercer capítulo, la visión del derecho natural que surge de esos trabajos puede ser también unilateral y, también como en el caso latinoamericano, la explicación de esto remite a veces a una antigua historia de veladas limitaciones ideológicas.

En cuanto a la peculiaridad de lo ocurrido en la historiografía latinoamericanista, ella consiste, como acabamos de señalar, en la coexistencia de dos posturas opuestas, ambas proclives a una actitud parcial por la carga ideológica que el asunto lleva consigo y generalmente reacias al diálogo. Expliquemos esta curiosa anomalía, que por un exceso de pudor pocas veces se hace explícita. En un sector de esa historiografía, la presencia del derecho natural y de gentes sí ha sido registrada, pero con la errónea postura de limitarla a las corrientes escolásticas. Mientras que en otro sector de la historiografía el papel jugado por el derecho natural en tiempos de las independencias suele ser o ignorado o reducido a la comprobación de la lectura, por parte de algunos letrados, de las obras de Grocio y Pufendorf en

---

[78] Bailyn, Bernard, *The Ideological Origins of the American Revolution*, Cambridge, MA, Harvard University Press, 1967; Zuckert, Michael P., *Natural Rights and the New Republicanism*, Princeton, New Jersey, Princeton University Press, 1994; Tierney, Brian, *The Idea of Natural Rights, Studies on Natural Rights, Natural Law, and Church Law, 1150-1625*, [2ª. ed.], Grand Rapids, MI, Wm. Eerdmans, 2001 [1ª. ed., 1997]; Wright, Benjamin Fletcher, *American Interpretations of Natural Law, a Study in the History of Political Thought*, New York, Russell & Russell, 1962 [primera edición: 1931]; McLaughlin, Andrew C., *The Foundations of American Constitutionalism*, New York, The New York University, 1932.

cuanto textos de literatura jurídica. Inclusive, una de las principales nociones del iusnaturalismo, la del contrato social, hemos solido tratarla como ajena al mismo, al referirnos a las "doctrinas contractualistas" como un concepto autónomo en las descripciones del universo intelectual del período. De manera que el resultado es la coincidencia de los que se ocuparon del derecho natural con intención laudatoria por reducir su influencia a fuentes escolásticas, como los que, admitiendo aparentemente esta filiación unilateral, lo subestimaron por considerarlo uno de los ingredientes intelectuales de la dominación hispana.

En el primer caso, la postura laudatoria provenía de la verificación de la presencia de criterios del derecho natural en los argumentos básicos de los programas independentistas. Fundamentalmente, el que fue argumento central para legitimar la constitución de las juntas de gobierno en toda Hispanoamérica, la doctrina del *pacto de sujeción* y su corolario de la *retroversión de la soberanía al pueblo*. Esa postura laudatoria tuvo una de sus expresiones culminantes en la tesis del predominio de la teología de los jesuitas del siglo XVI, en especial la de Francisco Suárez, en el estallido de las independencias, tesis expuesta por el historiador español Manuel Giménez Fernández en 1947 y recogida, entre otros, por Mariano Picón-Salas y Guillermo Furlong.[79] Aunque tampoco es de olvidar la que atribuye al dominico Santo Tomás de Aquino el papel de principal

---

[79] Giménez Fernández, Manuel, *Las doctrinas populistas en la independencia de Hispano-América*, Madrid, Consejo Superior de Investigaciones Científicas, Escuela de Estudios Hispanoamericanos, Sevilla, 1947; Picón-Salas, Mariano, *De la Conquista a la Independencia, tres siglos de historia cultural hispanoamericana*, México, FCE, 1944, pp. 175 y sigts.; Furlong, Guillermo, *Nacimiento y desarrollo de la filosofía en el Río de la Plata, 1536-1810*, Buenos Aires, Fundación Vitoria y Suárez, s. f. Para una crítica de las tesis de Giménez Fernández y Furlong, véase Halperín Donghi, Tulio, *Tradición política española e ideología revolucionaria de Mayo*, Buenos Aires, Eudeba, 1961.

fuente del pensamiento político iberoamericano, sostenida por Enrique de Gandía y examinada con mejor perspectiva, entre otros, por Mario Góngora y Richard Morse.[80]

Nos parece una tardía reacción contra lo que podríamos denominar versión liberal de la independencia iberoamericana. Tardía, porque las anteriores interpretaciones de la independencia provenientes del campo del catolicismo, como la del argentino Félix Frías, eran fuertemente críticas de las concepciones que animaban a los independentistas, en virtud, justamente, de compartir la interpretación sobre la predominancia del enciclopedismo en que se basa la versión liberal:

> "Nuestros padres –escribía Frías– ya cuando se afanaban por organizar la república, y dar sólida base a las instituciones libres, como cuando conquistaban su independencia en los campos de batalla, cometieron muchos y muy graves errores. No puede negarse que las doctrinas políticas y sociales que prevalecieron entonces, y que fueron acogidas sin criterio por un entusiasmo irreflexivo, han influido no poco en sus extravíos, y en las calamidades que han afligido a estos países. Discípulos de la filosofía del siglo XVIII, y sin otro evangelio que el *Contrato Social*, sus teorías revolucionarias contribuyeron poderosamente a romper todos los lazos de la subordinación social, y a extinguir ese respeto de la regla moral, sin el cual falta a la autoridad el apoyo necesario en las costumbres y degenera en licencia la libertad".[81]

---

[80] Gandía, Enrique de, *La revisión de la historia argentina*, Buenos Aires, Zamora, 1952, Sexta Parte, "Los fundamentos filosóficos y jurídicos del 22 y 25 de mayo de 1810", pp. 307 y sigts. Del mismo autor: Gandía, Enrique de, *Historia de las ideas políticas en la Argentina, V, Las ideas políticas de la independencia americana*, Buenos Aires, Depalma, 1968; Góngora, Mario, *Studies in the colonial history of Spanish America*, Cambridge University Press, Cambridge, 1975, p. 198; Richard M. Morse examinó la presencia del tomismo y del suarecianismo en el mundo intelectual ibérico en *El espejo de Próspero*, México, Siglo Veintiuno, 1982.

[81] Artículo "Estudios históricos", publicado originalmente en el periódico *La Religión*, el 19 de setiembre de 1857, reproducido en Frías, Félix,

En cuanto a la tesis de Giménez Fernández, parecería no haber sido una novedad sino el reflejo de criterios ya existentes en la historiografía jesuita. Así lo hace presumir su afloramiento en un pequeño libro publicado en Montevideo en 1930 por un sacerdote de la Compañía:

> "Los intelectuales de la época, entre los que figuraban, en primera línea, los sacerdotes de ambos Cleros, hallaban en las Leyes de Indias, y en la doctrina de San Roberto Belarmino, de Francisco Suárez, de Vitoria y del Padre Mariana, el fundamento legal y doctrinario, que los quietaba en conciencia, en la formación de las Juntas de Gobierno".[82]

El argumento de que las "fuentes" ideológicas de las independencias iberoamericanas se encuentran en la teología política escolástica, especialmente en la obra de Suárez, fue también desarrollado posteriormente por Carlos Stoetzer. En todos los casos, se basa en el erróneo supuesto de que la figura del pacto de sujeción es exclusiva de la escolástica, tal como lo sintetiza este párrafo de Stoetzer:

> "La Revolución que empezó en los años 1808-1810 tuvo poca influencia de la filosofía política de Norteamérica o Europa (con excepción de España); estuvo basada sobre la teoría política de la Escolástica española *(pactum translationis)*, que fue la palanca para todo el movimiento que finalmente condujo a la independencia. La potestad de los reyes emanó originariamente del pueblo; revierte a él cuando el trono queda vacante".[83]

Escritos y Discursos, Tomo II, Buenos Aires, 1884, p. 353.

[82] Sallaberry S. J., Juan Faustino, *La Iglesia en la Independencia del Uruguay*, Montevideo, 1930 [agradezco esta información a Roberto Di Stefano]

[83] Stoetzer, O. Carlos, *El pensamiento político en la América Española durante el período de la emancipación (1789-1825)*, Madrid, Instituto de Estudios Políticos, 1966, 2 vols., Volumen II, p. 257; del mismo autor: *Las raíces escolásticas de la emancipación de la América Española*, Madrid, Centro de Estudios Constitucionales, 1982.

El derecho natural en la historiografía católica sobre la independencia rioplatense

Aunque, como hemos visto, en los historiadores de explícita filiación católica es predominante la atribución de los argumentos contractualistas utilizados para legitimar la constitución de los primeros gobiernos criollos a la influencia del teólogo jesuita de la segunda mitad del siglo XVI, Francisco Suárez, es de destacar un abandono de ese punto de vista en Ricardo Zorraquín Becú, en dos artículos dedicados a examinar los argumentos esgrimidos en Buenos Aires durante los sucesos de mayo de 1810. En el primero de ellos, además de hacer una amplia revisión de los testimonios conservados sobre lo expuesto por los protagonistas de aquellos sucesos, en la parte final Zorraquín Becú comenta con agudeza el carácter de los argumentos de derecho político que se utilizaron.[84]

Sin embargo, lo sostenido por Zorraquín Becú en esas páginas finales contradice lo que había escrito en el comienzo, algo que hace pensar en la elaboración de un texto cuyas conclusiones van variando a medida que el examen de evidencias lo impone. En efecto, al comienzo del artículo parecía adherir a aquella postura, la que también había adoptado enfáticamente en un artículo anterior y que terminará desechando luego en las páginas finales del que comentamos.[85] Zorraquín

---

[84] Zorraquín Becú, Ricardo, "La doctrina jurídica de la revolución de Mayo", *Revista del Instituto de Historia del Derecho*, Facultad de Derecho y Ciencias Sociales de la Universidad de Buenos Aires, Número 11, 1960, pp. 47 y sigts.

[85] "No cabe duda alguna de que, en este aspecto, los revolucionarios recordaron la tradicional doctrina suareciana, la cual, aunque proscripta y derogada por las nuevas fórmulas políticas del despotismo ilustrado, continuaba sin embargo informando la enseñanza que se impartía en el colegio de San Carlos y en otras escuelas y universidades de Amé-

Becú destaca que la falta de precisión de las fuentes no permite conocer con exactitud lo expuesto por hombres como Castelli, el principal defensor de la causa patriota con argumentos fundados en el postulado de la "reversión de los derechos de la soberanía al pueblo de Buenos Aires". Esa falta de precisión, agrega, "ha sido suplida por algunos historiadores recurriendo a las teorías que suponen más en boga entonces: la de Rousseau por un lado y la de Suárez por el otro". Sin embargo, continúa, no era Suárez el único autor en que podía fundarse el argumento de la "reversión de la soberanía".[86]

En las primeras páginas del trabajo parecería que la falta de percepción de la presencia del derecho natural le impide ir más a fondo en la comprensión de lo estudiado. La "devolución del poder al pueblo, cuando desaparecía el soberano, era sin duda una doctrina comúnmente admitida en los medios cultos de entonces", dice expresándose en una forma que no da cuenta del origen de esa doctrina. Y agrega que "esa idea podía fundarse a la vez en las leyes vigentes y en la filosofía política tradicional." En "América –escribe poco más adelante– la teoría dominante era sin duda la de que existía un pacto tácito entre la comunidad y los reyes, que se rompía al faltar el titular de la monarquía sin dejar reemplazante, y entonces los pueblos recuperaban su capacidad para nombrar un nuevo gobierno".[87]

Y concluye esta muy limitada exposición sobre la naturaleza de la figura de la retroversión afirmando, que

---

rica. Esta es la tesis brillantemente defendida por el R. P. Guillermo Furlong, a cuyas publicaciones me remito." Zorrraquín Becú, Ricardo, "En torno a la revolución de Mayo: El fundamento del poder político", *Revista Jurídica de Buenos Aires*, I/II, 1960, p. 25.

[86] *Ibid.*, p. 65.

[87] Zorraquín Becú, Ricardo, "La doctrina jurídica...", *op. cit.* supra, nota 83, p. 57.

"ésta era la doctrina de Suárez, y era también la solución que se desprendía de las *Partidas*." Esta explicación limita a la tradición española y a Suárez lo que era común a las corrientes escolásticas e iusnaturalistas europeas.[88] Sigue olvidando la base iusnaturalista de los argumentos de ese entonces cuando afirma que "la verdad era que en los dos últimos años se había afirmado un nuevo derecho: el de cada provincia para erigir, en circunstancias urgentes, juntas de gobierno para proveer a la ausencia de una autoridad legítima".[89]

Pero en las páginas finales abandona esa postura y sostiene la no pertinencia de atribuir a Suárez las doctrinas invocadas entonces, así como la predominante función del derecho natural "racionalista" en los criollos, sin dejar de advertir, cosa también notable, la función del derecho natural como creencia compartida por ambos bandos, criollos y peninsulares. Al analizar cuál pudo ser el fundamento de las doctrinas expuestas en el Cabildo Abierto del 22 de Mayo de 1810, respecto de la retroversión de la soberanía al pueblo, rechaza su atribución a Suarez porque entre otras cosas el concepto de *soberanía*, aduce, no figura en el vocabulario escolástico y por otra parte no se menciona en ningún momento la doctrina del origen divino del poder, fundada en la epístola de San Pablo *ad Rom...* Tampoco el concepto de retroversión de la soberanía podía corresponder a Rousseau, dado que no admitía que el pueblo pudiese jamás desprenderse de la soberanía. Tampoco puede pensarse, continúa, en influencias de iluministas como Jovellanos, defensores del despotismo ilustrado, para quien la soberanía era inseparable del monarca legítimo.

---

[88] *Loc. cit.*
[89] *Ibid.*, p. 58.

> "Creo por consiguiente que el *substractum* –no conocido por nosotros– de esas teorías que fundamentaron la posición revolucionaria debe buscarse no tanto en la adhesión exclusiva a ciertas escuelas de derecho político, sino más bien en una combinación de todas las influencias que podían gravitar entonces sobre el pensamiento rioplatense, con una acentuada inclinación modernista. Y esta inclinación fue la que hizo abandonar la postura católica tradicional para buscar en el derecho natural racionalista –ya secularizado– la base que permitía sostener la facultad de cada pueblo a darse un gobierno en ausencia de la autoridad legítima."

Para los patriotas, la soberanía era de derecho natural pero no de origen divino, de manera que si se hubiesen inspirado en Suárez, hubiera sido admitiendo sólo una parte de su doctrina, y no la parte más importante. Y agrega con perspicacia: "Esta secularización del ideario tradicional permitía que la parte aceptada coincidiera con las opiniones contemporáneas", en las que debe buscarse, "por lo tanto, el complemento de una posición que acentuaba marcadamente los derechos del pueblo".[90]

Sostiene luego que la afirmación de Saavedra fue la que tuvo mayores adhesiones de parte de los revolucionarios: "y no quede duda de que el Pueblo es el que confiere la autoridad, o mando". El fiscal Villota, agrega, no discutió esas afirmaciones, lo que probaría que todos manejaban un fondo doctrinario común, observación también aguda sobre esa cualidad del derecho natural que recordaba Meinecke.[91] Pero, destaca:

> "Los escritos de los patriotas, antes y después del movimiento de Mayo, y las proclamas y manifiestos de la Junta

---

[90] Zorraquín Becú, Ricardo, *op. cit.* supra, nota 83, pp. 66 y 67.
[91] *Ibid.*., p. 48. El criterio de Meinecke lo hemos reproducido en el primer capítulo.

carecen de toda vinculación con las doctrinas escolásticas y de toda referencia a las ideas religiosas que las inspiraban. Esto quiere decir que no admitían ya la postura católica derivada del famoso texto de San Pablo, y que para ellos la soberanía era de derecho natural pero no de origen divino. Si los revolucionarios se inspiraron en Suárez, sólo admitieron una parte de su doctrina, y no la que es fundamental".[92]

Zorraquín Becú volvió a reafirmar su punto de vista en un artículo posterior, artículo escrito para responder a críticas recibidas de Roberto Marfany, quien en una revisión de los argumentos vertidos en 1810, sostuvo que ellos eran "suficientemente elocuentes para situar al autor [Castelli] dentro de la corriente escolástica, la misma que nutrió el pensamiento político de Mayo".[93] Esta postura, de fuerte resabio confesional como la de Furlong, fue criticada por Zorraquín, reafirmando que la "reversión de la soberanía" invocada en los sucesos de mayo de 1810 era "la doctrina de Grocio, de Pufendorf y de Burlamaqui" y no "la de los textos legales o de los autores antiguos, que no utilizaban la palabra soberanía ni conocían el término constitución", de manera que "el ideario de la revolución" se nutrió de las corrientes más recientes, es decir no escolásticas, ampliamente difundidas en España y América.[94]

---

[92] Zorraquín Becú, Ricardo, *op. cit.* supra, nota 86, p. 66.
[93] Marfany, Roberto H., "El cabildo de Mayo", *Genealogía, Revista del Instituto Argentino de Ciencias Genealógicas*, N° LXXVII, 196, pp. LXIX y sigts. La cita en p. LXXXIII.
[94] Zorraquín Becú, Ricardo, "Algo más sobre la doctrina jurídica de la Revolución de Mayo", *Revista del Instituto de Historia del Derecho Ricardo Levene*, N° 13, 1962, pp. 168 y 169. Los dos artículos publicados por Zorraquín Becú en esa revista fueron luego reunidos en el Volumen III de sus *Estudios de Historia del Derecho*, Buenos Aires, Abeledo Perrot, 1990. Debo agradecer la información que sobre este debate me proporcionara el Dr. Víctor Tau Anzoátegui.

El derecho natural en la perspectiva de una historiografía "progresista"

En el segundo caso, aunque muy anterior al otro, en una línea historiográfica que buscó construir una tradición intelectual de carácter "progresista" que habría sido inaugurada en los años previos a la independencia, y aparentemente por aceptar esa unilateral visión de las expresiones hispano coloniales del derecho natural como limitado a versiones escolásticas, lo habitual fue ignorar o subestimar esa presencia, tal como ocurre en uno de mis primeros trabajos, publicado en 1962.[95] O, asimismo, en limitar su vigencia al período colonial, desconociendo su fuerte influjo mucho tiempo después de las independencias. Tal ocurre, incluso, en uno de los mejores trabajos sobre el tema, como *Tradición política española e ideología revolucionaria de Mayo*, de Tulio Halperín, quien en una notable revisión de la teología política española neoescolástica y luego de evaluar su papel en el período colonial –aunque sin advertir la función del derecho natural–, concluye como si su influencia hubiera terminado con la revolución de mayo, criterio que, consecuentemente, hace que no se ocupe de él en sus obras posteriores.[96]

Una de las mayores expresiones de esta tradición historiográfica, por la calidad de sus textos, es la de José Luis Romero. En uno de los más sugerentes trabajos de interpretación de la naturaleza de la tradición intelectual argentina, escribía Romero que "El grupo revo-

---

[95] *Ensayos sobre la 'Ilustración' argentina*, Paraná, Facultad de Ciencias de la Educación, Universidad Nacional del Litoral, 1962.
[96] Véase Halperín Donghi, Tulio, *Tradición política...*, *op. cit.* supra, nota 78, y del mismo autor, *Revolución y guerra, Formación de una elite dirigente en la Argentina criolla*, Buenos Aires, Siglo Veintiuno, 1972.

lucionario rioplatense se había formado en la doble corriente del Iluminismo español y francés, divulgado el primero con amparo oficial al calor de los primeros Borbones y subrepticiamente el segundo, al calor del prestigio intelectual y revolucionario de la Francia del siglo XVIII". Y en esta perspectiva, el corazón del argumento legitimador de las independencias, la doctrina del pacto de sujeción y su corolario de la retroversión de la soberanía al pueblo, era juzgado como un subterfugio emanado de la antigua tradición medieval española.[97]

En un contexto historiográfico, entonces, en que la revolución de la independencia poseía un fortísimo valor simbólico como fundamento de la nacionalidad, su interpretación en términos escolásticos o liberales resultaba el mejor sostén de las opuestas versiones de una esencia católica o liberal de las nuevas naciones. Estábamos pues, en una conjunción de opuestas tendencias militantes, muy al calor del clima intelectual generado en torno al fascismo y prolongado durante la segunda posguerra del siglo XX.[98]

---

[97] Romero, José Luis, "Las ideas revolucionarias y la revolución", en *Argentina: Imágenes y perspectivas*, Buenos Aires, Raigal, 1956, pp. 89 y 90. Véase, en el mismo libro, "La enciclopedia y las ideas liberales en el pensamiento argentino anterior a Caseros", pp. 77 y sigts. Este libro apareció diez años después de su más conocido *Las ideas políticas en Argentina*, México, FCE, 1946.

[98] Tal como, utilizando una expresión corriente hace algunas décadas, era habitual referirse a la "tradición progresista de Mayo". Y tal como lo reconocía José Luis Romero en la página inicial, a manera de prólogo, del libro recién citado, al declarar que ese libro poseía "una inequívoca unidad externa: la que le provee la intención militante con que están escritos los estudios que lo componen, en los que se afirma la vigencia de ciertas líneas que descubro vigorosas y triunfantes a lo largo de nuestra historia". *Ibid.*, p. 7. Confesión que muchos compartíamos plenamente.

La función del derecho natural y de gentes

La superación de estos condicionamientos nos permitirá comprender mejor la función del derecho natural y de gentes no sólo en la sociedad colonial sino también a lo largo del proceso abierto por las independencias e interpretar así mejor ese proceso. En el primer capítulo definíamos esa función como fundamento de las concepciones predominantes sobre la vida política y social del siglo XVIII y de buena parte del XIX, en un período en el cual aún no se habían constituido las llamadas *ciencias sociales,* y no sólo como un conjunto de nociones jurídicas. En palabras de autores de la época, el derecho natural y de gentes era una *ciencia,* la ciencia de la moral y la política.[99]

Por otra parte, como hemos expuesto también en el primer capítulo, en la época que nos ocupa el derecho natural era la base de la legitimidad política y, asimismo, de

---

[99] "This science includes the most important principles of morality, jurisprudence, and politics, that is, whatever is most interesting in respect as well to man as to society." Burlamaqui, Jean-Jacques, *The Principles of Natural and Politic Law,* Two Volumes, London, MDCCLXIII. Asimismo: "The science which teaches the rights and duties of men and of states, has, in modern times, been called the Law of Nature and Nations. Under this comprehensive title are included the rules of morality, as they prescribe the conduct of private men towards each other in all the various relations of human life; as they regulate both the obedience of citizens to the laws, and the authority of the magistrate in framing laws and administering government; as they modify the intercourse of independent commonwealths in peace, and prescribe limits to their hostility on war. This important science comprehends only that part of private ethics which is capable of being reduced to fixed and general rules. It considers only those general principles of jurisprudence and politics which the wisdom of the lawgiver adapts to the peculiar situation of his own country, and which the skill of the statesman applies to the more fluctuating and infinitely varying circumstances which affect its immediate welfare and safety." Mackintosh, James, *A Discourse on the Study of the Law of Nature and Nations,* Edinburgh, 1838 [Texto de sus lecciones de 1798, publicado por primera vez en 1799], p. 7.

la forma de pensar las relaciones intergrupales e interpersonales.[100] En el primer sentido, entre otras cosas, proporcionaba un principio, el del *consentimiento*, en el que los hombres del siglo XVIII –y mucho más tarde aún– asentaban la legitimidad de su conducta social y de la obligación política, con la excepción de quienes sostenían la doctrina del origen divino directo del poder, en apoyo de aquellos monarcas que pretendían recibir su autoridad directamente de Dios.

Pero, insistamos, no comprenderíamos bien la función del derecho natural en la sociedad colonial y en los años siguientes a las independencias si no admitiéramos que esa función no era la de un simple instrumento retórico con el que quienes detentaban el poder pretendían justificarse. Se trataba, en cambio, de la satisfacción de una real necesidad de los seres humanos de legitimar su actuación en la observancia de principios con que la sociedad regula las relaciones entre sus miembros de manera de impedir el uso anárquico de la fuerza para la resolución de los conflictos. Entre esas convenciones, el concepto iusnaturalista del *consentimiento* –cuya proyección histórica en las independencias anglo e iberoamericanas estudiamos en el capítulo III– proporciona la clave de los conflictos políticos de los siglos XVIII y XIX y, además, podrá permitirnos un mejor enfoque de las luchas políticas de la primera mitad del siglo XIX, especialmente de las concernientes al *federalismo*; un enfoque mejor sobre todo del que expresan las viejas etiquetas de "localismo", "egoísmo provincial" o "caudillismo".

---

[100] Sobre el papel del derecho natural y de gentes en tiempos de las independencias, véase nuestro trabajo "Fundamentos iusnaturalistas de los movimientos de independencia", *Boletín del Instituto de Historia Argentina y Americana "Dr. Emilio Ravignani"*, 3a. Serie, No. 22, Buenos Aires, 2º semestre de 2000.

III.
EL DERECHO NATURAL EN LAS HISTORIOGRAFÍAS ANGLO E IBEROAMERICANA[101]

¿En qué medida lo resumido en el capítulo anterior ocurría en la historiografía relativa a la independencia de las colonias angloamericanas, en las que el derecho natural fue también de fuerte influjo desde tiempos anteriores a ella? Hemos ya señalado que en esa historiografía se ha concedido mayor atención a la presencia del derecho natural en tiempos coloniales. No sólo en relación con las figuras más conocidas, como Pufendorf o Locke, sino también atendiendo a la difusión de otros autores menos recordados hoy, como Burlamaqui o Vattel. En buena

---

[101] Este trabajo es una versión modificada de lo que fue inicialmente una conferencia pronunciada en la Universidad del Centro de la Provincia de Buenos Aires en setiembre de 2002 y, posteriormente, un artículo publicado en el *Journal of Latin American Studies:* "The Principle of Consent in Latin and Anglo-American Independence", *Journal of Latin American Studies*, N° 36, Cambridge University Press, 2004. El mismo recoge parcialmente los frutos de una investigación llevada a cabo durante una estadía en la John Carter Brown Library, la que fue posible por una beca de esa institución que quiero agradecer aquí. Durante esa estadía, fueron para mí de la mayor utilidad las conversaciones que mantuve con Bernard Bailyn, Jack Greene y Gordon S. Wood, así como la lectura de sus obras ha sido básica para mi comprensión del proceso de la revolución norteamericana, pese a algunas de las reservas que están expresadas en este texto. Asimismo, deseo hacer constar la valiosa ayuda recibida de la Prof. Nora Souto y del Dr. Fernando Racimo en la búsqueda de materiales complementarios para su elaboración y la utilidad de sus observaciones al borrador del mismo, y del Prof. Julián Giglio en la preparación de la versión final del texto.

medida, porque la presencia del derecho natural en escritos de los colonos, fuese en referencias explícitas o en implícitos fundamentos de sus argumentaciones, es por demás abundante. Y al aludirlas, no hacemos solamente referencia a su aplicación a algunos problemas particulares, como el de los impuestos o el de la calificación de la insurgencia revolucionaria en términos del derecho de gentes, sino a lo que Jefferson denominaría "el sentido común" de los colonos del siglo XVIII.[102] Como veremos de inmediato, en los escritos de los colonos abundan los argumentos referentes a la naturaleza y finalidad del gobierno civil, la noción de libertad e igualdad como algo natural, la idea de que tanto el gobierno como su Constitución deben ser fruto del consenso, y otros tópicos fundados en el derecho natural. Sin llegar al preámbulo de la constitución de Filadelfia, fuese en textos como los panfletos publicados por Bernard Bailyn[103], en la conocida declaración de la ciudad de Boston en 1772, en los papeles de los más importantes líderes de la independencia y en los escritos de muchos colonos y clérigos, es dable comprobar esa función del derecho natural y de gentes.[104]

---

[102] Cit. en Zuckert, Michael P., *Natural Rights...*, *op. cit.* supra, nota 77, p. xi.

[103] Bailyn, Bernard (ed.), *Pamphlets of the American Revolution, 1750-1776*, Volume I, 1750-1765, Cambridge, MA, Harvard University Press, 1965. Véanse especialmente los textos de Dickinson, John, "The late regulations respecting the British Colonies", Otis, James, "The Rights of the British Colonies Asserted and Proved", Mayhew, Jonathan, "Concerning Unlimited Submission and Nonresistance to the Higher Powers", o Bland, Richard, "The Colonel dismounted".

[104] El notable documento de la ciudad de Boston es, en buena medida, un resumen del derecho natural: *The votes and proceedings of the freeholders and other inhabitants of the town of Boston, in town meeting assembled, according to law...*, Boston, 1772; [Dickinson, John], *Letters from a Farmer in Pennsylvania, to the Inhabitants of the British Colonies*, Philadelphia, 1768. Véase también la amplia colección de documentos contenida en Hyneman, Charles S. and Lutz, Donald S.,

El derecho natural en la historiografía sobre las colonias anglo americanas

Aunque excedería los límites de este trabajo pasar revista a tales evidencias, nos parece útil seleccionar algunas de ellas. Así, ejemplos de la función central del derecho natural en el pensamiento de muchos de los colonos angloamericanos la podemos encontrar en escritos de Hamilton como también de Adams y de otros de los que serían los principales líderes de la independencia. Es decir, la asidua referencia al derecho natural no sólo como indispensable en la actividad jurídica sino también como sustento del pensamiento político, así como el énfasis puesto en el principio del consentimiento, pero con una noción del mismo que no la reducía al ámbito de la fiscalidad, en el que no era otra cosa que una manifestación particular de aquel fundamental principio.

Es expresivo de esto, por ejemplo, el consejo que daba al joven abogado John Adams –tenía 24 años de edad–, un jurista de su tierra, a quien menciona como Mr. Gridley, luego de recomendar especialmente la lectura de las obras de derecho natural y de gentes: "Realmente, un hombre de leyes debe tener toda su vida algunos libros de ética y de derecho de gentes en su mesa de trabajo".[105] En una anotación de su *Diario*, del mismo año, se encuen-

---

American Political Writing during the Founding Era, 1760-1805, 2 vols., Indianapolis, Liberty Fund, 1983, en la que muchos de los textos publicados muestran la recurrente presencia de argumentos iusnaturalistas. Algo similar se puede verificar en buena parte de los sermones contenidos en los documentos incluidos en Sandoz, Ellis (ed.), *Political Sermons of the American Founding Era, 1730-1805*, 2 vols., Indianapolis, Liberty Fund, Second Edition, 1998.

[105] "Indeed a Lawyer through his whole Life ought to have some Book on Ethics or the Law of Nations always on his Table." Admas, John, *Diary and Autobiography...*, Cambridge, Mass., Harvard University Press, 1961, tomo 3, p. 272.

tra una especie de cuestionario sobre el derecho natural que cubre casi dos páginas, principalmente dedicado a la versión proveniente de Ulpiano y recogida en el Código de Justiniano según la cual el derecho natural abarca no sólo a los seres humanos sino a todos los seres vivientes del reino animal.[106] Previamente al consejo de Mr. Gridley que hemos transcripto, éste lo había recibido, narra Adams, en una habitación en la que tenía "una muy excelente biblioteca sobre derecho civil y canónico y autores del derecho natural y de gentes". Y lo había sometido a un interrogatorio que es ilustrativo de los criterios comunes en la época:

"¿qué ha leído Ud. sobre el derecho natural y de gentes? Burlamaqui, Señor [respondí] y Heineccius en la traducción de Turnbull, y la Filosofía Moral de Turnbull. Esos son buenos libros, dijo Mr. Gridley. Turnbull era un pensador correcto pero un mal escritor. ¿Ha leído Ud. a Grocio y a Pufendorf?"[107]

Pregunta, la última, que el joven Adams respondió negativamente. Aunque diez años más tarde, a raíz de la muerte de Gridley, y comentando la influencia que ese hombre había tenido en él y en los demás componentes del círculo que habían formado, refiere la común lectura de Pufendorf, en la edición de Barbeyrac, además de Blackstone.

Útiles informaciones sobre el tema se pueden encontrar también en los papeles de Madison. Así, en la extensa lista de libros preparada por Madison en 1783 (550

---

[106] "On the Law of Nature and the Moral Sense among Animals and among Men, October-December 1758", *ibid.*, pp. 53 y 54.

[107] "a very handsome library of the civil and Cannon Laws and Writers in the Law of Nature and Nations." *Ibid.*, p. 271. "what have you read upon the Law of Nature and Nations? Burlamaqui Sir and Heineccius in Turnbulls Translation, and Turnbull Moral Philosophy. These are good Books, said Mr Gridley. Turnbull was a correct thinker, but a bad Writer. Have you read Grotius and Pufendorf?" *Ibid.* p. 286.

libros en 1300 volúmenes), por resolución del Congreso Continental para ser usada por sus integrantes, hay una sección especial sobre "Law of Nature and Nations", donde figura Wolff, además de Pufendorf/Barbeyrac, Burlamaqui, Vattel, Rutherforth, Grocio, Hutchinson y otros.[108]

Al respecto, un corresponsal de Madison destacaba que los congresistas hacían un gran y constante uso de esos libros, por lo que se podía conjeturar que sus iniciativas habrían de estar bien pensadas, dado que debatían sobre ellas como filósofos:

> "según me han dicho, Vattel, Barlemaqui (sic) Locke y Montesquieu parecen ser sus autoridades de referencia / sus referentes a la hora de defender los derechos de las Colonias o de dirimir una disputa en torno a la justicia o propiedad de una decisión."[109]

---

[108] *The Papers of James Madison*, The University of Chicago Press, Chicago-London, 1962-1991, carta "From William Bradford", Philadelphia, October 17th 1774, Volumen 6, "Report on Books for Congress", pp. 62 y sigts. Lo citado, en pp. 66 y 67. A raíz de una mención hecha por Madison a "the law of Nations & the dictate of reason" –en torno al problema de la libertad de los mares y la pesca–, el *editor* comenta: "In view of the stress by JM upon natural law, natural rights, the rights of nations, and the dictates of reason, he in all like hood derived his references to international law largely, if not entirely, form Emmerich de Vattel, *Le droit des gens ou principes de la loi naturelle appliqués a la conduite et aux affaires des nations et des souverains* (1758), an authority which he had consulted before drafting the instructions to John Jay, 17 October 1780 (papers of Madison, II, 132; 135, n. 12. In the present instance Vattel's Book I, chap. xxiii (James brown Sctott, ed.; 2 vols.; Washington, 1916) supported JM's position upon the fisheries. Perhaps. JM had also read Book II, chap. ii, se. 3 of Hugo Grotius, *De iure belli ac pacis* (1625). Also on 7 January 1782, Robert R. Livingston covered the same ground in a letter to Franklin. For Livingstone's reference to Grotius and Vattel, see Wharton, *Revolutionary Diplomatic Correspondence*, V, 91. The similarity between Livngstone's letter and JM's document suggest that they had exchanged views on the subject". *Ibid.*, Volumen IV, p. 16.

[109] "by what I was told Vattel, Barlemaqui (sic) Locke & Montesquieu seem to be the standards to which they refer either when settling the rights

En textos del Hamilton joven, que merecen aquí una consideración más detenida, es posible percibir claramente la naturaleza de ese uso del derecho natural aplicado sobre todo al análisis de las relaciones con la metrópolis. Esto es notorio en su respuesta a un panfleto escrito por un clérigo, Samuel Seabury, rector de la Iglesia Episcopal de San Pedro, en el condado de Westchester, Nueva York, quien había criticado al Congreso por dañar los intereses de las colonias al oponerse al Parlamento británico. Hamilton lo acusa de que sus argumentos manifestaban violenta antipatía:

> "no sólo a los derechos naturales del hombre sino al sentido común y la modestia. Es claro que son enemigos de los derechos naturales de la humanidad, pues desean ver a una parte de ella esclavizada por otra".[110]

Los americanos, argumentaba Hamilton, como todos los hombres, tienen derecho a la libertad por participar de una naturaleza común y tener en consecuencia un derecho común. Nadie puede ejercer una preeminencia sobre otros a menos que haya sido autorizado por ellos. Como los colonos no otorgaron poder al Parlamento británico para hacer leyes para ellos, se sigue que no tiene justa autoridad para tal cosa. Y agrega que además de esta clara expresión de la justicia natural al respecto, también conduce a lo mismo la constitución de Inglaterra. "Ha sido demostrado que

---

of the Colonies or when a dispute arises on the Justice or propriety of a measure." *Ibid.*, Volumen 1, p. 126.

[110] "not only to the natural rights of mankind; but to common sense and common modesty. That they are enemies to the natural rights of mankind is manifest, because they wish to see one part of their species enslaved by another". "A Full Vindication of the Measures of the Congress...", New York, [december 15] 1774, en *The Papers of Alexander Hamilton*, Harold C. Syrett Editor, Jacob E. Cooke Associate Editor, New York and London, Columbia University Press, 1961, Volume I, 1768-1778, p. 46.

la idea de legislación o de fiscalidad, cuando el súbdito no está representado, es inconsistente". De manera que puede afirmarse con toda certidumbre, agrega:

> "que las pretensiones del Parlamento son contradictorias con el derecho natural, subversivas de la constitución británica y lesivas de la buena fe de los más solemnes contratos".[111]

En lo que sigue vuelve sobre la misma expresión, en el mismo orden, "law of nature, British constitution". El fundamento del escrito es la vigencia de un conjunto de principios que, en orden de importancia, enumera como derecho natural, constitución británica y leyes particulares.

Al criticar a Seabury por lo que considera una hostilidad hacia el derecho natural, escribe que, la ignorancia [del derecho natural] "en esta edad ilustrada" no puede ser admitida como disculpa justificada. Y sarcásticamente agrega que si sigue un consejo suyo puede haber esperanza de su regeneración. El consejo es el siguiente:

> "Aplíquese Usted sin vacilar al estudio del derecho natural. Para una lectura sumaria, le recomiendo Grocio, Pufendorf, Locke, Montesquieu, y Burlemequi [sic]. Podría mencionar otros autores excelentes sobre esta materia, pero si se dedica con diligencia a éstos, no precisará de otros".[112]

Luego cita a Blackstone acerca de la superioridad de una ley inmutable creada por Dios y puesta en el corazón del hombre. De acuerdo con lo que ha citado de

---

[111] "that the pretensions of Parliament are contradictory to the law of nature, subversive of the British constitution, and destructive of the faith of the most solemn compacts.", *loc. cit.*

[112] "Apply yourself, without delay, to the study of the law of nature. I would recommend to your perusal, Grotius, Pufendorf, Locke, Montesquieu, and Burlemequi [sic]. I might mention other excellent writers on this subject; but if you attend, diligently to these, you will not require others." "The Farmer Refuted...", New York, [february 23] 1775, p. 86.

Blackstone sostiene que ningún hombre, en el estado de naturaleza, tiene poder moral para privar a otro de su libertad y propiedad. Y vuelve a citar a Blackstone sobre que el principal objeto de la sociedad es asegurar a los hombres el disfrute de esos derechos.[113]

En cuanto al conflicto con la metrópolis, sostiene que el régimen de las colonias debe considerarse de acuerdo al espíritu de la constitución "of the mother country", de los pactos concertados con el objetivo de la colonización, y muy especialmente, "del derecho natural y aquella *ley suprema* de cada sociedad: *su propia felicidad*". Y con el mismo argumento que también se utilizó en Iberoamérica, cuestiona luego el derecho del Parlamento a regir las colonias sosteniendo que ellas dependen directamente del rey:

> "Él es rey de América en virtud de un contrato entre nosotros y los reyes de Gran Bretaña. Estas colonias se fundaron y poblaron por aquellas Cartas, y bajo la protección del rey inglés, quien suscribió pactos con nosotros, por él, sus herederos y sucesores; y en estos convenios surge de su parte el deber de protección y de nuestra parte, el deber de lealtad".[114]

Luego invoca de nuevo el derecho natural, y se apoya en el Coke del Calvin's Case para sostener que el derecho natural y la constitución británica restringen la lealtad a la persona del monarca, razón por la cual, comenta, se debe obedecer y servir al rey sin la interposición de la supremacía del Parlamento.

---

[113] *Ibid.*, p. 88

[114] "He is King of America, by virtue of a compact between us and the Kings of Great Britain. These colonies were planted and settled by the Grants, and under the Protection of English King, / who entered into covenants with us for themselves, their heirs and successors; and it is from these covenants, that the duty of protection on their part, and the duty of allegiance on ours arise." *Ibid.*, pp. 91 y 92.

Más adelante zahiere a su contendiente por su ignorancia del derecho natural, lo que considera fuente de sus concepciones erróneas:

> "La fuente principal de todos vuestros errores, sofismas y falsos razonamientos es una ignorancia total de los derechos naturales de la humanidad. Si por una vez usted se familiarizara con ellos, jamás concebiría la idea de que los hombres no poseen una igualdad de privilegios por naturaleza. Se convencería entonces de que la libertad natural es un don del generoso Creador para toda la especie humana, y que la libertad civil se funda en dicha libertad natural y no puede arrebatarse a ningún pueblo sin una violación manifiesta de la justicia".[115]

Seabury había sostenido que decir que era verdad afirmar que un inglés no estaba obligado a lo que no hubiese sido consentido por los representantes de la nación, pero que decir que un inglés no estaba obligado a nada que no hubiese sido consentido por él en persona, o por *sus* representantes, era afirmar algo que nunca fue ni podrá ser verdad, porque había muchos ingleses que no tenían voto en la elección de los representantes de la nación y, por lo tanto, nunca podían consentir algo, fuese en persona o por medio de sus representantes. Hamilton contesta:

> "Las bases de la constitución inglesa descansan en este principio: ninguna ley tiene validez o fuerza alguna sin el consentimiento y aprobación del pueblo, expresado en las personas de sus representantes, periódicamente electos por el pueblo mismo. Esto constituye la parte democrática

---

[115] "The fundamental source of all your errors, sophisms and false reasoning is a total ignorance of the natural rights of mankind. Were you at once to become acquainted with these, you could never entertain a thought that all men are not, by nature, entitled to a parity of privileges. You would be convinced, that natural liberty is a gift of the beneficent Creator to the whole human race, and that civil liberty is founded in that; and cannot be wrested from any people, without the most manifest violation of justice." *Ibid.*, p. 104.

del gobierno. Así pues, es innegablemente cierto que ningún inglés –considerado como un *agente libre* en términos políticos– puede ser obligado por leyes que no ha consentido, ya personalmente, ya mediante *su representante*. En otras palabras, cada inglés que posea una renta anual de cuarenta chelines tiene el derecho a participar en la legislatura, el cual ejerce por el sufragio en la elección de la persona que él aprueba como su representante".[116]

Continúa luego la discusión con Seabury, siempre fundado en el derecho natural, hasta llegar a la cuestión de los impuestos. A lo largo de esas páginas cita varios antecedentes de la aplicación del principio del consentimiento en materia fiscal.[117] Y al referirse a las sanciones aplicadas a Boston y a la reacción de los colonos, escribe:

"Cuando los principios primordiales de la sociedad civil son violados y los derechos de un pueblo entero son lacerados, las formas básicas del derecho político no deben ser observadas. Los hombres pueden entonces atenerse a la ley natural y mientras no hagan más que conformar sus acciones a esa norma, todos los reparos que se planteen contra ellas revelarán ignorancia o deshonestidad".[118]

---

[116] "The foundation of the English constitution rests upon this principle, that no laws have any validity, or binding force, without the consent and approbation of the people, given in the persons of their representatives, periodically elected by *themselves*. This constitutes the democratically part of the government. It is also, undeniably, certain, that no Englishman, who can be deemed *a free agent* in a *political view*, can be bound by laws, to which he has no consented, either in person, or by *his* representative. Or, in other words, every Englishmen (exclusive of the mercantile and trading part of the nation) who possesses a freehold, to the value of forty shillings per annum, has a right to a share in the legislature, which he exercises, by giving his vote in the election of some person, he approves of, as his representative." *Ibid.*, p. 105.

[117] *Ibid.*, p. 121.

[118] "When the first principles of civil society are violated and the rights of a whole people are invaded, the common forms of municipal law are not to be regarded. Men may then betake themselves to the law of nature;

Las ideas defendidas por Hamilton eran fruto de sus estudios durante su permanencia en el King's College de Nueva York –actualmente Universidad de Columbia– durante los cuales conoció, entre otras, las obras de Pufendorf, Burlamaqui, Locke, Grotius y Montesquieu.[119] Nos hemos detenido extensamente en sus escritos de 1774 como una forma de resumir lo que era común a muchos de los colonos que participaron del proceso de la independencia.

Por ejemplo, una serie de artículos datados en fechas cercanas al Stamp Act –1765–, que se proponían justificar el rechazo del tributo decidido por el Parlamento británico, se apoyaban en argumentos fundados en el Derecho Natural. Asimismo, artículos posteriores a 1776, que debaten la mejor manera de organizar el nuevo Estado, coinciden en que la constitución debería ser fruto del consentimiento de las partes signatarias. Y asimismo, muchos sermones, especialmente los de las jornadas electorales, se remitían al derecho natural en relación a problemas vinculados a la obediencia a las autoridades. En este caso, es de notar también el interés por conciliar la autoridad de la Biblia con el derecho natural, así como la conciliación de éste con el criterio aristotélico de la sociabilidad natural del hombre.[120]

---

and, if they but conform their actions, to the standard, all cavils against them, betray either ignorance or dishonesty." *Ibid.*, p. 136.

[119] *Ibid.*, p. 128.

[120] Véase, por ejemplo, "Rudiments of Law and Government Deduced from the Law of Nature", Anonymous, Charleston, 1783, pp. 565-605; "The Constitutionalist: Or, an inquiry how far it is expedient and proper to alter the Constitution of South Carolina", Timothy Ford "Americanus", Charleston, 1794, pp. 900-935; "An Election Sermon", John Tucker, Boston, 1771, pp. 158-174. Todos ellos en Hyneman, Charles y Lutz, Donald, (eds.), *American Political Writing...*, *op. cit.* supra, nota 103. La información proveniente de estas fuentes ha sido recogida en

Sin embargo, como veremos enseguida, el conjunto de equívocos que rodean la cuestión del derecho natural ha dejado también su huella en la historiografía norteamericana. En primer lugar, porque la forma de interpretar su influencia por parte de algunos de los principales historiadores recientes de la independencia parecería subvalorarlo, circunscribiendo su función a la de una de las varias fuentes de argumentos con que los colonos enfrentaron la política del Parlamento británico. Y por otra parte, porque también es posible comprobar la existencia de esa tensión ideológica generada por la relación de corrientes religiosas con la ideología independentista. Así, el derecho natural puede aparecer como un ingrediente más en la formación de la conciencia política de los colonos y, frecuentemente, apenas como un trasfondo intelectual, al punto que la noción de consentimiento resulta generalmente desconectada del mismo y frecuentemente limitada a la famosa cuestión del requisito para legitimar los impuestos (*no taxation without representation*). Pese a que, muy claramente, el sentido de ese concepto era el mucho más amplio que corresponde a su inserción en el derecho natural, tal como lo muestra este temprano texto de Hamilton:

> "He aquí la única distinción entre la libertad y la esclavitud: en libertad, un hombre es gobernado por leyes a las que ha dado su consentimiento, directamente o mediante su representante, mientras que en la esclavitud, el hombre es gobernado por la voluntad de otro".[121]

---

parte por los alumnos de mi seminario, los licenciados Jorge Cernadas Fonsalías y Santiago Freire.

[121] "The only distinction between freedom and slavery consists in this: In the former state, a man is governed by the laws to which he has given his consent, either in person, or by his representative: In the latter, he is governed by the will of another." *The Papers of Alexander Hamilton*,

De uno de los mejores trabajos sobre la revolución de la independencia norteamericana, el clásico libro de Bernard Bailyn *The Ideological Origins of the American Revolution*,[122] surgen muy claramente algunas de las facetas más significativas respecto de las diferencias con lo ocurrido en las colonias iberoamericanas, especialmente la posibilidad de ejercer el gobierno propio en cuerpos representativos locales, cuerpos representativos que tenían capacidad legislativa. Esto se tradujo en la formación de sólidas pautas autonomistas de representación política que no existieron en las colonias dependientes de las monarquías ibéricas. De tal manera, en el momento de la independencia, había una experiencia política representativa que habría de facilitar en sumo grado el posterior proceso de organización del nuevo Estado.[123]

Por otra parte, desde mucho antes de la independencia, los colonos angloamericanos no sólo habían tomado contacto con las corrientes más renovadoras tanto de los siglos XVII y XVIII, sino que habían hecho de ellas el fundamento de sus prácticas políticas.

---

op. cit. supra, nota 109, p. 47. Numerosas evidencias de este sentido del concepto de *consent* pueden encontrarse en los textos citados en la nota anterior.

[122] Bailyn, Bernard, *The Ideological Origins...*, *op. cit.* supra, nota 77. Este libro expone los resultados de una investigación basada en los panfletos de tiempos de la Independencia norteamericana, en los que el autor examina los orígenes ideológicos de esa revolución. El texto fue previamente la Introducción del también ya citado *Pamphlets...*. Del mismo autor: *The Origins of American Politics*, New York, Alfred A. Knopf, 1968.

[123] Sobre formas de representación, véase el parágrafo 1, "Representation and Consent", pp. 161 y sigts. Sobre la noción y expresiones de los derechos individuales, 2. "Constitutions and Rights", pp. 175 y sigts. Sobre soberanía, 3. "Soveraignity", pp. 198 y sigts. Véase un resumen de estos rasgos en McFarlane, Anthony, *El Reino Unido y América: la época colonial*, Madrid, Mapfre, 1992.

Al respecto, Bailyn señala que en los años previos a la independencia se conjugaron elementos del iusnaturalismo de la Ilustración, de ciertas ideas religiosas y de la literatura clásica para producir un particular patrón de teoría política, peculiar de los colonos. Asimismo, tan importante como la influencia de autores ilustrados, sostiene, fue la de los autores del *common law* inglés. La tradición del *common law* era poderosa y sus grandes figuras de la historia jurídica inglesa fueron continuamente invocados, especialmente los juristas del siglo XVII, como Sir Edward Coke y también los primeros comentadores, Bracton –siglo XIII– y Fortescue –siglo XV–, entre otros. Otra tradición importante que surge de los materiales políticos de los colonos angloamericanos, señala, es la de las teorías sociales y políticas del puritanismo de la Nueva Inglaterra.[124]

Pero su tesis central es que si bien en los años previos a la independencia se conjugaron elementos del iusnaturalismo de la Ilustración, de ciertas ideas religiosas y de la literatura clásica, lo importante es que ellos fueron integrados en un patrón de sorprendente naturaleza por la importancia en él de otra tradición, entretejida con esas más familiares líneas de pensamiento pero distinta de ellas. Se trata de una particular influencia transmitida por publicistas radicales y por políticos opositores ingleses del siglo XVIII, quienes traspasaron a esa centuria la peculiar presión

---

[124] "In pamphlet after pamphlet the American writers cited Locke on natural rights and on social and governmental contract, Montesquieu and later Delolme on the character of British liberty and on the institutional requirements for its attainment, Voltaire on the evils of clerical oppression, Beccaria on the reform of criminal law, Grotius, Pufendorf, Burlamaqui, and Vattel on the laws of nature and of nations, and on the principles of civil government." Bailyn, Bernard, *The Ideological Origins...*, *op. cit.* supra, nota 77, pp. 26 y 27. *Ibid.*, pp. 30 y 31.

antiautoritaria originada en el transcurso de la guerra civil inglesa.[125] Lo que habría dado unidad a ese conjunto, no siempre armónico y muchas veces contradictorio, fue la influencia de este grupo de escritores cuyas raíces estaban en la guerra civil inglesa y el periodo del Commonwealth, prolíficos teóricos de oposición que actuaron en Inglaterra entre fines del siglo XVII y primeras décadas del XVIII. Aunque permanecieron luego en la oscuridad y aún hoy son muy poco conocidos, conformaron, más que cualquier otro grupo, sostiene Bailyn, la mente de la generación revolucionaria. Entre ellos sobresalen los autores de las *Cato's Letters*, John Trenchard y Thomas Gordon. Citados profusamente en Norteamérica, fueron equiparados a Locke respecto de la naturaleza de la libertad política y puestos por encima de Locke respecto de las fuentes sociales de las amenazas que enfrentaban.[126]

De manera que mientras en cierto momento, al ocuparse de John Dickinson, Bailyn señala que el conjunto de la antigua constitución inglesa –*common law*, normas promulgadas por el Parlamento y las cartas de privilegio promulgadas por la corona, e inclusive, la *Magna Carta*–, eran expresiones del derecho natural, por lo general a lo largo del libro tiende a aminorar la importancia del mismo en el pensamiento político de los colonos y más de una vez computa diversos rasgos del pensamiento político de la época, de raíz iusnaturalista, como ajenos al derecho natural.

---

[125] *Ibid.*, p. viii.

[126] *Ibid.*, pp. 34 y sigts. Los textos de Trenchard, John y Gordon, Thomas: *Cato's Letters or Essays on Liberty, Civil an Religious, and Other Important Subjects*, Four volumes in two, Edited and Annotated by Ronald Hamowy, Indianapolis, Liberty Fund, 1995.

Algo similar se observa en el análisis de G. S. Wood., en el que la difusión del contractualismo y su impregnación de las relaciones políticas es vista como un fenómeno de naturaleza británica. Asimismo, en los párrafos que Wood dedica a la difusión de lo que llama "modern legal contractualism" se observa que no está presente en esa perspectiva la conexión con el derecho natural y de gentes de conceptos sustanciales al mismo, como los de contrato y consentimiento. Esta conexión, comprobable en la historia del derecho público a partir del reingreso del derecho romano al mundo europeo, se observa, por ejemplo, en la conversión de la antigua figura de derecho privado del *consentimiento,* en una categoría del derecho político, conversión operada ya por los canonistas medievales.[127] Consiguientemente, la noción iusnaturalista de *contrato* es atribuida a la difusión de nuevas relaciones sociales en la Inglaterra del siglo XVIII, esto es, de cambios como los operados en las relaciones entre maestros y aprendices.[128]

---

[127] Cf. Manin, Bernard, *Los principios del gobierno representativo*, Madrid, Alianza, 1998, p. 112.

[128] "But increasingly in the commercialized eighteen century contracts became much more voluntary, explicit, and consensual, much less declaratory of previously existing rights and duties and more much the consequence of conscious acts of will [...]The new conception of contract as a consensual bargain between two equal parties was a consequence of changes in all traditional relationships between superiors and inferiors, even those between parents and children." Wood, Gordon S., *The Radicalism of the American Revolution*, New York, Vintage Books, 1993, p. 162 Asimismo, algo común en los iusnaturalistas europeos se ve sólo como referido a corrientes anglosajonas: "To the Puritans even marriage was more of a contractual relationship than it was to other religious groups". *Ibid.*, p. 163. Sobre el matrimonio como contrato, véase, por ejemplo, Pufendorf, Samuel, *Le Droit de la Nature et des Gens, ou Systeme General des Principes les plus importans de la Morale, de la Jurisprudence, et de la Politique*, traduit du latin par Jean Barbeyrac, Sixième édition, Basilea, 1750, Tome second, Livre VI, Chapitre I, p. 192 y sigts.; Heineccius, Johann Gottlieb, *Elementos del derecho natural y de gentes*, Tomo II, Madrid, 1837 [Primera edición:

A partir de una consideración comparativa con el caso de las colonias iberoamericanas, uno podría preguntarse si las otras fuentes ideológicas de los colonos angloamericanos señaladas por Bailyn –como el *common law* británico o los textos de panfletistas políticos británicos que traducían la experiencia del proceso abierto por la revolución de 1688– no reposaban en una más profunda función del derecho natural y de gentes, tal como la que éste desempeñó en el caso iberoamericano. Me parece que la respuesta puede ser afirmativa. La relación entre esos diversos componentes del pensamiento político revolucionario norteamericano es merecedora de ser examinada desde esa otra hipótesis; es decir, la de que tanto el *common law*, como el pensamiento político británico de comienzos del siglo XVIII se integraban en una configuración fundada en el derecho natural y de gentes. Y esto se comprueba si recurrimos a los testimonios de las principales expresiones de esas fuentes: Sir Edward Coke respecto del *common law*, Trenchard y Gordon respecto de los publicistas ingleses, así como Blackstone, entre otros, en quienes la función del derecho natural como superior a los otros derechos –el *common law* y el *statute law*–, así como base de las normas fundamentales de la vida política es afirmada explícitamente.

Una de los más claros testimonios de lo que apuntamos es el ampliamente difundido y apreciado Blackstone, que refiere de la siguiente manera la primacía el derecho natural:

"En tanto [Dios] es un ser de infinita sabiduría, ha dictado sólo leyes fundadas en relaciones de justicia como las que existen en la naturaleza de las cosas, antecedentes a toda norma positiva. Estas son las leyes eternas e inmu-

---

Elementa juris naturae et gentium, Halle, 1738], Capítulo II, "De los deberes que se deben observar en la sociedad conyugal", p. 23 y sigts.

tables del bien y el mal, a las cuales el Creador mismo se conforma en todos sus ordenamientos; Él ha dotado a la razón humana de capacidad para descubrirlas, por cuanto son necesarias para regir las acciones humanas. Tales son, entre otros, estos principios: vivir honestamente, no dañar a nadie, y dar a cada cual lo suyo. En estos tres preceptos generales Justiniano ha condensado la entera doctrina jurídica".

Asimismo:

"Esta ley de la naturaleza, siendo coetánea con la humanidad y dictada por Dios mismo, es desde luego superior en obligación a cualquier otra. Es válida en todo el globo y en todos los países, en todos los tiempos: no hay leyes humanas que tengan validez alguna si contradicen esta ley natural; y las que son válidas derivan toda su fuerza y toda su autoridad directa o indirectamente de esta ley original".[129]

Pero Blackstone concede que si bien el derecho natural coincide con la revelación, ésta es superior porque no requiere interpretación como sucede con los preceptos que el hombre extrae de su razón:

---

[129] "as he [God] is also a being of infinite wisdom, he has laid down only such laws as were founded in those relations of justice, that existed in the nature of things antecedent to any positive precept. These are the eternal, immutable laws of good and evil, to which the creator himself in all his dispensations conforms; and which he has enabled human reason to discover, so far as they are necessary for the conduct of human actions. Such among others are these principles: that we should live honestly, should hurt nobody, and should render to everyone his due; to which three general precepts Justinian has reduced the whole doctrine of law. [...] this law of nature, being coeval with mankind and dictated by God himself, is of course superior in obligation to any other. It is binding over all the globe in all countries, and at all times: no human laws are of any validity, if contrary to this; and such of them as are valid derive all their force, and all their authority, mediately or immediately, from this original." Blackstone, William, *Commentaries on the Laws of England*, 4 vols., San Francisco, 1890. [1ª. ed., 1765-69], Segunda Sección, "On the Nature of Laws in General", volumen I, pp. 68 y 69.

"Indudablemente la ley revelada es de una autenticidad mayor que el sistema moral, que ha sido elaborado por los autores de obras de Ética y es denominado derecho natural. [...] De estas dos bases, la ley natural y la ley revelada, dependen todas las leyes humanas; lo cual equivale a decir que las leyes humanas no deberían contradecir aquéllas".[130]

En cuanto a Coke, en su informe en el caso Bonham (un médico acusado de ejercer sin licencia del Parlamento), que fue resuelto en 1610, había sentado la luego célebre doctrina sobre la nulidad de los actos del Parlamento cuando fueran contra el *common right* y la razón natural.[131] Y en su informe en el *Calvin's Case*, que fue decidido el mismo año que el de Bonham, Coke expresaba, resumidamente, que la obligación política está originada en el derecho natural, que la ley natural es parte de la ley de Inglaterra, que la ley natural está antes de cualquier ley en el mundo y que es inmutable y no puede ser cambiada.[132] Y en apoyo de sus proposiciones, reproducía

---

[130] "undoubtedly the revealed law is of infinitely more authenticity than that moral system, which is framed by ethical writers, and denominated natural law. [...] Upon these two foundations, the law of nature and the law of revelation, depend all human laws; that is to say, no human laws should be suffered to contradict these." *Ibid.*, p. 70.

[131] "...for when an act of parliament is against common right and reason, or repugnant, or impossible to be performed, the common law will controul it and adjudge such act to void." Citado por E.S. Corwin, "The 'Higher Law' Background of American Constitutional Law", *Harvard Law Review*, Vol. XLII, December 1928, No. 2, pág. 368. Cf. la observación de Bailey sobre el dilema de Otis, que intenta retomar una doctrina de Coke, que Bailey califica de propia del siglo xvii, según la cual todo acto del Parlamento que violara el common law o el derecho natural debía ser considerado nulo, mientras la doctrina que se imponía en el siglo xviii era que el Parlamento no era una corte más actuando con ponderación sino el creador de la ley. B. Bailey, *Introducción a James Otis*, "The Rights of the British Colonies...", Bernard Bailyn, ed., *Pamphlets...*, ob. cit., pág. 417.

[132] "... '1. 'The ligeance or obedience of the subject to the Sovereign is due by the law of nature: 2. That this law of nature is part of the law of Eng-

uno de los argumentos clásicos de la literatura escolástica, según el cual la ley natural es lo que Dios puso en el corazón del hombre en el momento de la creación para su conservación y guía, y que esta ley, que es eterna, es la ley moral, llamada también ley natural; y en virtud de esta ley, escrita con el dedo de Dios en el corazón del hombre, fue durante largo tiempo gobernado el pueblo de Dios antes de la ley que fue escrita por Moisés, quien fue el primer legislador en el mundo.[133]

En la mente de Coke también estaba la doctrina de que la prerrogativa real estaba sujeta a delimitación por el *common law* tal como era aplicado en los tribunales ordinarios. Al respecto, E.S. Corwin comenta:

> "La receptiva y cándida actitud así manifestada hacia las ideas del derecho natural, un reciente influjo de lo que desde el continente se estaba ya configurando, es una cuestión de profunda importancia. En la gran lucha constitucional contra los Estuardos ello permitió a Coke construir sobre Fortescue, y permitió a Locke construir sobre Coke. Ello permitió conjugar el legalismo del siglo XVII con el racio-

---

land: 3. That the law of nature was before any judicial or municipal law in the world: 4. That the law of nature is inmutable, and cannot be changed.' ", Citado por E.S. Corwin, "The 'Higher Law' Background of American Constitucional Law", *Harvard Law Review*, Vol. XLII, December 1928, No. 2, pág. 368 y 369. En una nota al pie Corwin discute las opuestas opiniones sobre la vigencia del derecho natural en la Inglaterra de la época, mostrandose más bien favorable a las que sostienen su general vigencia. p. 368, nota 11.

[133] *loc. cit.* No está de más notar que el gran contendor de Coke, Francis Bacon, acordaba también respecto de la supremacía del derecho natural: "Our law is grounded upon the law of nature.... For as the common law is more worthy than the statute law, so this law is more worthy than them both". Bacon, *Works* (ed. by Spedding, Ellis, and Heath), XV, 202 ff., cit. en Haines, Charles Grove, *The Revival of Natural Law Concepts, A Study of the Establishment and of the Interpretation of Limits on Legislatures with special reference to the Development of certain phases of American Constitutional Law*, Cambridge, Massachusetts, Harvard University Press, 1930, Nota 27.

nalismo del XVIII, y esa unión permaneció siempre, más o menos vital, en el derecho y la teoría constitucionales norteamericanas".

Y, asimismo:

"'Common right and reason' es, resumidamente, algo fundamental, algo permanente; es la ley más alta. Y nuevamente es relevante notar la ratificación que la doctrina de Coke recibió en el derecho y la teoría constitucional norteamericana".[134]

Esta esencial relación entre el derecho natural y la forma en que los juristas británicos como Coke y Bacon entendían el *common law* fue más duradera de lo que haría presumir la habitual periodización de las etapas del pensamiento europeo, perdurando más allá de la demolición del derecho natural desde Hume en adelante y, por mucho tiempo, el derecho natural permaneció como la norma decisiva para los jueces del *common law*.[135]

En cuanto a los autores de las *Cato's Letters* la expresión del fundamento iusnaturalista de sus concepciones políticas es también explícita. En muchas de las cartas es evidente esta presencia del Iusnaturalismo como fundamento del análisis político de los autores, desde las

---

[134] "The receptive and candid attitude thus evinced toward natural law ideas, a fresh influx of which from the Continent was already setting in, is a matter of profound importance. In the great constitutional struggle with the Stuarts it enabled Coke to build upon Fortescue, and it enabled Locke to build upon Coke. It made allies of sixteenth century legalism and seventeenth century rationalism, and the alliance then struck has always remained, now more, now less vital, in American constitutional law and theory." y "'Common right and reason' is, in short, something fundamental, something permanent; it is higher law. And again it is relevant to note the ratification which Coke's doctrine received in American constitutional law and theory." Corwin, E. S., *op. cit.* supra, nota 131, p. 370.

[135] Rommen, Heinrich A., *The Natural Law, A Study in Legal and Social History and Philosophy*, Indianapolis, Liberty Fund, 1998, pp. 100 y 101.

nociones de contrato social y estado de naturaleza a la fundamentación de las leyes. Pero aun la referencia misma a Catón el Menor, al adoptarse su nombre como seudónimo en virtud de su simbolismo para la defensa de las libertades contra la tiranía, refleja la interpretación iusnaturalista de la actitud de Catón frente a César, así como las frecuentes referencias a Cicerón trasuntan la misma interpretación en la lectura de los clásicos.

Tal como R. Hamowy lo señala, el principio sobre el cual estas cartas fundaban la autoridad y rumbo del gobierno estaba basado en el derecho natural.

> "Las convicciones políticas expresadas en las cartas son casi en todos los casos consistentes con las teorías del derecho natural y de la ley natural adoptadas por los escritores radicales Whig y particularmente por John Locke en su Segundo Tratado sobre el Gobierno [Civil]. Los autores de las Cato's Letters seguían estrechamente a Locke al definir la autoridad política en términos de derechos inalienables y al argumentar que derivamos nuestra libertad directamente de nuestra naturaleza como seres humanos."[136]

Luego, al destacar una de las principales fuentes del pensamiento político de Trenchard y Gordon, agrega que el radicalismo de estos autores estaba apoyado en el mártir revolucionario Algernon Sidney, autor de un importante trabajo sobre el derecho de resistencia, cuyo criterio era que los derechos de los ingleses reposaban en

---

[136] "The political convictions expressed in the letters are at almost every turn consistent with the natural law and natural rights theories earlier embraced by the radical Whig writers and particularly by John Locke in his Second Treatise of Government. The authors of Cato's Letters closely echo Locke in defining political authority in terms of inalienable rights and in claiming that we derive our liberty directly from our nature as human beings." Hamowy, Ronald, "Introduction", en *Cato's Letters...*, *op. cit.* supra, nota 125, p. xxi.

la antigua constitución y que ellos tenían su origen en el derecho natural.[137]

En las cartas de Trenchard y Gordon, la concepción respecto de la función básica del derecho natural como soporte del derecho positivo es similar a la de Coke, en el sentido en que el derecho positivo "deriva su fuerza del derecho natural".[138] De manera que la que sería la principal influencia en la formación del pensamiento político de los colonos, la de Trenchard y Gordon, es aun más elocuente respecto de la función del derecho natural como fundamento del pensamiento político de la época.[139]

---

[137] "Trenchard and Gordon's radicalism is evidenced by their particular fondness for the Whig revolutionary martyr, Algernon Sidney, whose Discourses Concerning Government was one of the leading treatises on the rights of resistance to tyrannical government. Two notions – that the rights of Englishmen rested on the ancient constitution, and that these self-same rights had their origin in the laws of nature, from which our rights are derived directly prior to the establishment of civil society– appear throughout Sidney's work and were embraced by all radical Whigs. And Sidney's views pervade the whole of Cato's Letters, two of which are nothing more than extended quotations from the Discourses." Hamowy, Ronald, "Introduction", *loc. cit.* En la Introducción del libro de Sidney, que comienza refiriéndose al *Patriarcha* de Robert Filmer, para criticarlo, ya aparece el concepto de lo que a lo largo de la obra considera la regla más alta a ser tenida en cuenta: "the Laws of God and Nature". Y uno de sus parágrafos tiene justamente por título "The common Notions of Liberty are no from School-Divines, but from Nature". Sidney, Algernon, *Discourses Concerning Government, Second Edition carefully corrected*, London, MDCCIV, pp. 2 y 3.

[138] *Cato's Letters..., op. cit.* supra, nota 125, carta N° 11 de enero de 1720.

[139] Las evidencias sobre el uso del derecho natural que han sido puestas de relieve por gran parte de la historiografía norteamericana son incontables. Aun en la etapa final de la revolución. Al respecto, uno de los testimonios más expresivos surge de la correspondencia de Madison: "The Congress sits in the Carpenter's Hall in one room of which the City Library is kept & of which the Librarian tells me the Gentlemen make great & constant use. By which we may conjecture that their measures

Posiblemente, en esta subvaloración del peso de las doctrinas iusnaturalistas no haya dejado de influir la intensidad del debate generado en torno a los innovadores puntos de vista de autores como Bernard Bailyn y Gordon S. Wood respecto del liberalismo norteamericano en los prolegómenos de la revolución, así como los puntos de vista sostenidos por John Pocock al respecto. Si bien los trabajos de Pocock han ahondado en los vínculos de la historia intelectual británica con la del continente,[140] su tesis respecto de la trascendencia del republicanismo clásico como una resurrección en el mundo intelectual británico y angloamericano del siglo XVIII ha sido criticada por fundarse, entre otros rasgos, en una subestimación de la influencia de la obra de Locke y de las concepciones del derecho natural.[141]

---

will be wisely planed since they debate ont them like philosophers; for by what I was told Vattel, Barlemaqui [sic], Locke & Montesquieu seem to be the standards to which they refer either when settling the rights of the Colonies or when a dispute arises on the Justice or propriety of a measure". Willian Bradford to Madison, october 17th 1774, in: *The Papers of James Madison*, Volumen 6, Chicago-London, The University of Chicago Press, 1962-1991, p. 126.

[140] Pocock, John A., *The Ancient Constitution and the Feudal Law, A Study of English Historical Thought in the Seventeenth Century*, New York, The Norton Library, 1967; Pocock, John A., *The Machiavelan Moment*, Princeton, 1975.

[141] Véase una crítica de las tesis de Pocock, Bailyn y Wood en Zuckert, Michael P., *Natural Rights...*, op. cit. supra, nota 77: "The sponsors of the classical republican approach single out Cato for much of their attention, but mistakenly present him as an anti-Lockean. This is the opposite of the truth: Cato was a source from whom both the English and the Americans of the eighteenth century learned Lockean politics. Cato's creators are important because they built the new republicanism on the foundation supplied by Locke but incorporated in their work the older Whig political science. Trenchard and Gordon thus fused into a coherent whole two lines of thought which had proceeded in partial independence of each other previously -Whig political science and Lockean political philosophy", p. xix. Cf. asimismo Appleby, Joyce, *Liberalism and Republicanism in the Historical Ima-*

Los movimientos de independencia y su legitimación en el derecho natural y de gentes

Una vez efectuadas estas consideraciones sobre la función básica del derecho natural y de gentes en el conjunto de las principales fuentes del pensamiento político de los colonos angloamericanos, nos parece que se hace más notoria la trascendencia de uno de los conceptos iusnaturalistas más presentes en la conciencia política de los siglos XVII y XVIII, que jugó un papel central en el estallido del movimiento de independencia norteamericano y también en el curso de las independencias iberoamericanas: el principio del *consentimiento*.

En la consideración habitual de su presencia en la célebre frase *no taxation whitout representation*, que significa que el soberano no puede imponer tributo alguno sin el consentimiento, personal o por medio de legítimos representantes, a quienes deben pagarlo, ha sido obligada la referencia a Locke y, asimismo, se suele remontar su fuente a la Petición de Derechos Británica de 1628. Pero sucede que la Petición de Derechos reitera los términos de un documento de finales del siglo XIII, el Estatuto *De Tallagio non Concedendo*, promulgado por Eduardo I en 1297, que a su vez parece ser una reiteración de lo contenido en la *Confirmatio Cartarum* del mismo año y, asimismo, un eco de lo ya concedido por el soberano (Juan Plantagenet) en la *Magna Carta* de 1215.

Podemos, así, considerar que el principio del consentimiento –que en Inglaterra, a diferencia de lo ocurrido en el continente, logró limitar muy tempranamente el absolutismo monárquico–, no pudo menos que ser transmitido a tierras británicas por el renacimiento

---

gination, Cambridge, Ma, Harvard University Press, Third printing, 1996, esp., p. 332 y sigts.

europeo del derecho romano y consiguientemente, del derecho natural, a partir del siglo XII. La tendencia a considerar que el pensamiento político británico del siglo XVIII remitía a una "inmemorial tradición" ha sido considerada un mito, esto es, podemos decir, un caso más de invención de tradiciones.[142] Ya Corwin había aclarado que el *common law* no es parte de una inmemorial tradición británica sino creación del siglo XII. Que la substancia del *common law* fuese anterior a la conquista normanda, tal como lo veían los artífices de la constitución de 1787, no es otra cosa, escribía, que una absoluta ficción. Y añade que el verdadero punto de partida en la historia del *common law* es la constitución por Enrique II en el tercer cuarto del siglo XII de un sistema de tribunales locales con una corte central de apelación.[143]

Similar criterio expone un historiador del *common law*, para quien éste nace basado en el derecho natural en tiempos del rey Enrique II, al que llama "fundador del *common law*". Enrique II fue un hombre culto, amigo de John of Salisbury y también de Thomas Beckett (aunque luego enemigo suyo), que había estudiado derecho romano y derecho canónico en Bolonia y en Auxerre.[144] Pero para mejor comprender esto, es de atender a lo que advierte respecto de que no debe confundirse el *common*

---

[142] "According to 17th century myth, a myth later fully embraced by the American Whigs, the origins of these fundamental unwritten laws themselves were buried beyond recovery in the Saxon past." Grey, Thomas C., "Origins of the Unwritten Constitution: Fundamental Law in American Revolutionary Thought", *Stanford Law Review*, Vol. 30: 843, May 1978, p. 852.

[143] Corwin, E. S., "The 'Higher Law' Background of American Constitutional Law", *Harvard Law Review*, Vol. XLII, december 1928, No. 2, pp. 170 y 171.

[144] Hogue, Arthur R., *Origins of the common law*, Indianapolis, Liberty Fund, 1986, pp. 34 y 37.

law con el derecho consuetudinario, ni el canónico, ni los otros que existían en la época. El *common law* medieval no era local o particular, ni un cuerpo de reglas basadas sólo sobre la costumbre.[145]

Como indicio, pese a la distorsión que pueda implicar, respecto de la relación del *common law* y el derecho romano, cabe recodar que un autor de fines del siglo XIX, Henry Summer Maine, sostuvo que Henri de Bracton realizó un plagio heroico al copiar las normas del derecho romano y presentarlas como un corpus británico en *De legibus and consuetudinibus Angliae*.[146]

Pese al énfasis que se pone habitualmente en señalar que la tradición jurídica británica, a diferencia de lo ocurrido en el continente, no fue condicionada por el derecho romano, lo cierto es, entonces, que no fue ajena al mismo. Asimismo debe recordarse la común vigencia de la Escolástica, antes de la Reforma, en ambas orillas del Canal de la Mancha, y también la del Iusnaturalismo

---

[145] "The medieval common law, then, was not local or particular. We should distinguish it from whatever smacks of a specialty. It is not to be identified with rules of law administered by local, baronial, or manorial courts, or by ecclesiastical courts, or by borough courts. Some of the difficulties confronting the uninitiated in understanding medieval common law undoubtedly stem from insistence on applying modern definitions to medieval materials. For example, modern usage tends to distinguish common law from 'written law', or statutory legislation. Again, the modem lawyer, as well as the layman, may think of the common law as a body of principles embodied in or derived from precedents –the decisions of certain courts in England and other common law countries. To add to the misunderstanding of medieval common law there is the occasional modern effort at defining the common law as a body of rules based upon custom alone." *Ibid.*, p. 5.

[146] "About a century ago a scholar of great reputation, Hernry Sumner Maine, credited Bracton, the medieval judge, with a heroic plagiarism, putting off on his countrymen as a compendium of pure English law a treatise of which the entire form and a third of the contents were directly borrowed from the *Corpus Juris*." *Ibid.*, p. 23

moderno. Tal como lo advertía Corwin en el artículo citado más arriba, con referencia al tributo rendido por Coke al derecho natural a comienzos del siglo XVII: "La receptiva y cándida actitud así manifestada hacia las ideas del derecho natural, un reciente influjo de lo que desde el continente se estaba ya configurando".[147]

Como lo ha recordado Bernard Manin, en los siglos XVII y XVIII había una idea básica: "a saber, el principio de que toda autoridad legítima procede del consentimiento general de aquellos sobre los que va a ejercerse; en otras palabras, que los individuos sólo están obligados por lo que han consentido. Las tres revoluciones modernas se realizaron en el nombre de este principio".[148]

De manera que el principio que a partir de la Magna Carta recorre la historia política británica y se difunde también en las colonias, es un principio derivado del derecho romano que, formulado en tiempos romanos en el ámbito del derecho privado, extendió su vigencia al derecho político durante la Edad Media.

> "En la Edad Media –escribe Manin–, el uso de la elección iba acompañado de la invocación de un principio que, según todas las pruebas, afectó crucialmente a la historia de las instituciones occidentales. Se trataba del principio de origen romano: *Quod omnes tangit, ab omnibus tractari et approbari debet* (lo que a todos afecta, debe ser tratado y aprobado por todos). Tras el resurgimiento del derecho romano en el siglo XII, tanto los legisladores civiles como los canonistas difundieron este principio, aunque reinterpretándolo y aplicándolo a cuestiones públicas, mientras que en Roma era aplicado

---

[147] Corwin, E. S., *op. cit.* supra, nota 143.

[148] Manin, Bernard, *op. cit.* supra, nota 126, p. 108. Añade Manin: "Esta creencia de que el consentimiento constituye la única fuente de autoridad legítima y la base de la obligación política fue compartida por todos los teóricos del derecho natural, desde Grocio a Rousseau, Incluyendo a Hobbes, Pufendorf y Locke". *Ibid.*, p. 109.

en derecho privado. Eduardo I invocó el principio QOT en su orden de convocatoria del parlamento inglés en 1295, pero investigaciones recientes han demostrado que a finales del siglo XIII la frase ya estaba muy extendida. También el rey francés Felipe IV empleó la expresión cuando convocó los estados generales en 1302, como el emperador Federico II cuando invitó a las ciudades de la Toscana a enviar delegados plenipotenciarios *(nuntit)*. Los papas Honorio III e Inocencio III hicieron asimismo bastante frecuente uso de ella."[149]

Este principio, si bien limitado aún al sentido de que lo dispuesto por una autoridad debía tener consentimiento de los "de abajo", se convertiría en tiempos modernos en uno de los fundamentos de la legitimidad del poder en el seno del derecho natural y de gentes.

Los principales teóricos del derecho natural dedicaron especial atención al *consentimiento*. Pufendorf expone el concepto y modalidades del mismo en lo concerniente a los contratos en un capítulo del primer tomo de su obra principal.[150] Y más adelante se ocupa del mismo con relación al surgimiento de la sociedad civil: para formar una sociedad civil, al salir del estado de naturaleza, es necesario que cada uno esté dispuesto a reunirse en un solo cuerpo y a reglarse por común consentimiento con vistas a su conservación y seguridad naturales. "Pero de cualquier manera que esto sea hecho, debe existir nece-

---

[149] *Ibid.*, p. 112. "La formulación del principio (habitualmente conocido por la abreviatura QOT), que se encuentra en el *Codex* de Justiniano del 531 (*CoeL*, 5, 59, 5,2), se convirtió en una fuente para los comentaristas medievales, como Graciano, que los menciona en el *Decretum* (hacia 1140; *Decretum*, 63, post c, 25)", *loc. cit.*

[150] Pufendorf, Samuel, *Le Droit de la Nature et des Gens...*, *op. cit.* supra, nota 10, Tome I, Livre III, Chapitre VI, "Du *consentement* requis dans le *Promesses* et les *Conventions*", p. 411 y sigts.

sariamente un consentimiento, expreso o tácito, de todos en general y de cada uno en particular."[151]

Otro importante autor de la época, Heineccio, especialista en derecho romano pero también autor de uno de los textos de derecho natural de más difusión en tierras hispanas e hispanoamericanas en el siglo XVIII –al punto que fue manual de enseñanza en la cátedra de derecho natural creada por Carlos III en 1771–, concebía el consentimiento como consustancial a las figuras centrales de *pacto* y aun de *sociedad*, y los hacía prácticamente sinónimos. Los hombres, aducía, no pueden vivir bien si no se asisten mutuamente, mediante el cumplimiento de los deberes de humanidad y beneficencia, "y supuesto que estos deberes son imperfectos y no pueden obligar a nadie contra su voluntad; se infiere 1) que no hay ciertamente otro medio de alcanzarlos que el consentimiento de los demás. Llamándose *pacto* el acto de consentir dos o más personas en una misma cosa sobre dar o hacer algo". Asimismo, escribía en otro lugar de la misma obra: "Sociedad es el consentimiento de dos o más individuos para un mismo fin y para los medios que son absolutamente necesarios a conseguirlo".[152]

---

[151] "Mais de quelque manière que ce soit, la Convention doit nécessairement être accompagnée d'un consentement, exprès ou tacite, de tous en général, & de chacun en particulier: de sorte que, si quelcun de ceux, qui se trouvent alors dans le même lieu, n'est point entré dans l'engagement, il demeure hors de la Société naissante, & le consentement unanime des autres, quelque grand que soit leur nombre, ne le met dan aucune Obligation de se joindre à leur Corps, mais le laisse pleinement dans la Liberté Naturelle, en sorte qu'il peut toujours pourvoir lui-même à sa conservation de la manière qu'il l'entendra." *Ibid.*, Tome I, Livre VII, "Où l'on traite de l'origine & de la constitution des Sociétés Civiles; des droits & des engagements du Souverain; des diverses sortes de Gouvernement; & des différentes manières d'aquérir la Souveraineté", Chapitre II, *De la constitution essentielle d'un Etat*, p. 286.

[152] Heineccius, Johann Gottlieb, *Elementos del derecho natural y de gentes*, corregidos y aumentados por el Profesor D. Mariano Lucas Garrido, a los que se añadió los de la Filosofía Moral del mismo autor, Madrid,

Esta centralidad del principio del consentimiento en las teorías contractualistas la encontramos más tarde en la *Enciclopedia*. Diderot escribe que la autoridad política no es natural, sino que deriva de dos actos humanos. Uno es un acto de usurpación mediante la fuerza o la violencia y otro es el "consentimiento de aquellos que se han sometido mediante el contrato, expreso o tácito, entre ellos y aquél a quien han transferido la autoridad".[153] Texto que, además, muestra cómo el *consentimiento* es también la fuente de legitimidad del *pacto de sujeción*.

Tanto en Vattel como en Burlamaqui, el autor probablemente más estimado, luego de Locke, en el siglo XVIII angloamericano, puede observarse algo similar. Así, el principio del consentimiento ocupa un lugar central en la teoría del poder de Burlamaqui, cuyo tratado de derecho natural y de gentes fue traducido tempranamente al inglés en 1748 y vería publicada su sexta edición en 1823. En el Capítulo III de la segunda parte del volumen segundo, que trata de las diferentes maneras de adquirir la soberanía, escribe que la única causa justa para tal fin es el consentimiento o voluntad del pueblo. Luego, en forma similar a la de otros autores, explica cómo la conquista, que es otro de los medios de adquirir la soberanía, puede obtener legitimidad mediante el posterior consentimiento, expreso o tácito, del pueblo.[154]

Blackstone expresa un punto de vista semejante al explicar que el origen de la sociedad proviene del consentimiento de los que la forman. Alega que la soberanía consiste en el poder de hacer las leyes, y dado que en forma natural

---

1837. Tomo I, p. 289 y Tomo II, p. 13. [Primera edición, *Elementa juris naturae et gentium*, Halle, 1738]

[153] Diderot, Denis y d'Alembert, Jean Le Rond, *La Enciclopedia (Selección de artículos políticos)*, Madrid, Tecnos, [1986], p. 6.

[154] Burlamaqui, Jean-Jacques, *The Principles of Natural and Politic Law*, Two Volumes, segunda edición, corregida, Londres, MDCCLXIII, pp. 97 y 99.

los hombres no pueden uniformar su voluntad, debido a sus particulares diferencias, es necesario uniformarlas mediante un acto político basado en el consentimiento:

> "Ello no puede realizarse más que por una unión política; por el consentimiento de todas las personas a someter sus voluntades particulares a la voluntad de un hombre, o de una o más asambleas de hombres, a los que se confía la suprema autoridad: y esta voluntad de un hombre o de una reunión de hombres, es entendida como ley en diferentes estados, de acuerdo a sus constituciones".[155]

Pero en el transcurso de la convención constituyente de 1787 surgió un problema respecto del cual Madison y Hamilton no convalidaban la pertinencia del principio del consentimiento. Se trataba de la cuestión de si el nuevo Estado nacional podía disolverse por decisión de sus partes. Uno de los congresistas había alegado que la Confederación, habiendo sido formada por consentimiento unánime de los Estados, debía disolverse también por consentimiento unánime de ellos. Madison no admite el argumento, y en cambio sostiene que el caso de la unión de los Estados no es análogo al de la unión de los individuos, mediante un contrato, al formar una sociedad.

En el curso de este debate se enfrentaron quienes consideraban que los Estados habían sido independientes y soberanos en el momento de unirse y quienes consideraban que al segregarse de Gran Bretaña no lo habían hecho en tal carácter sino como un conjunto. Por ejemplo, véase este texto en el que, además, es de notar la alu-

---

[155] "It can therefore be no otherwise produced than by a *political* union; by the consent of all persons to submit their own private will to the will of one man, or of one or more assemblies of men, to whom the supreme authority is entrusted: and this will of that one man, or assemblage of men, is in different states, according to their different constitutions, understood to be law." Blackstone, William, *op. cit.* supra, nota 128, p. 83.

sión a la doctrina del pacto de sujeción y su corolario de la retroversión de la soberanía:

> "Cuando los estados repudiaron su vínculo con Gran Bretaña, se convirtieron en independientes de ella e independientes entre sí. Luego se unieron y se confederaron para la defensa común, y esto se hizo sobre bases de perfecta reciprocidad. Ahora ellos volverán a reunirse en esos mismos términos. Pero si se llega al caso de una disolución, nuestras soberanías y derechos originales son reasumidos".[156]

En realidad, como ha sido demostrado entre otros por Raoul Berger,[157] los Estados se habían independizado separadamente como soberanías independientes, y la posición contraria, tal como la de Madison y de Hamilton, debe atribuirse al deseo de reforzar la idea de formar un sólo Estado soberano, como se lograría al aprobarse la nueva Constitución, y no permanecer en el carácter de Estados soberanos unidos por un pacto de confederación. "Los Estados y sus defensores están intoxicados con la idea de su soberanía", exclama otro congresista, quien lamentaba también que en lugar de haber venido al congreso como un conjunto de hermanos, pertenecientes a una misma familia, parecería haberse traído al Congreso el espíritu de negociadores políticos.[158]

---

[156] "When the states threw off their allegiance on Great Britain, they became independent of her and each other. They united and confederated for mutual defense, and this was done on principles of perfect reciprocity. They will now again meet on the same ground. But when a dissolution takes place, our original rights and sovereignties are resumed," Sesión del 19 de junio de 1787 del Congreso de Filadelfia, en *The Records of the Federal Convention of 1707*, Edited by Max Farrand, Yale University Press, Volume I, p. 315.

[157] Berger, Raoul, *Federalism: The Founders' Design*, University of Oklahoma Press, Norman, 1987.

[158] "The States and the advocates for them are intoxicated with the idea of their sovereignty." Sesión del 29 de junio de 1787 del Congreso de Fila-

Consiguientemente, Madison critica, como también lo hizo Hamilton, la tesis de otro congresista de que los Estados se encontraban en el *estado de naturaleza* antes de confederarse.[159] Pero siempre compartiendo el fundamento iusnaturalista de sus contendientes. Esta prioridad del principio del consentimiento, y del contractualismo, no es contradicha por Madison, quien, por el contrario, fundamenta su punto de vista en el derecho de gentes: "Clearly, according to the Expositors of the law of Nations".[160]

Las consideraciones que hemos efectuado relativas al principio del consentimiento en cuanto uno de los componentes centrales del derecho natural y de gentes de la época hace menos comprensible la subvaloración del mismo en parte de la reciente historiografía norteamericana, tal como observáramos al comienzo.[161] Sin embargo, es de advertir que esto ha sido percibido por otros autores, uno de los cuales, que hemos ya citado más arriba,

---

delfia, en *The Records of the Federal Convention of 1787, op. cit.* supra, nota 154, p. 467.

[159] Sesión del 19 de junio, *Ibid.*, p. 324.

[160] *Ibid.*, p. 315.

[161] Véase, por ejemplo, el siguiente juicio tendiente a desestimar la trascendencia del derecho natural en la constitución norteamericana: "However, except for the preamble, what 'natural laws' are mentioned in the Declaration [de Independencia]? Once beyond the rhetoric, the document is a common law indictment charging violation of English 'rights'. No citizen of a French or Spanish colony could claim a 'natural right' to trial by jury, legislative representation, judicial tenure during good behavior, taxation by consent, freedom from standing armies, and all other rights asserted in the indictment. They all were based on English and British constitutional principles. The mith that American Whigs rested their argument on natural law has grown primarily because historians have not understood or cared to consider English constitutional history. When a claim of right has been encountered, the assumption has been made that it came from natural law." Reid, John Phillip, "In accordance with usage: the authority of custom, the Stamp Act Debate, and the coming of American Revolution", 45 *Fordham Law Review* 1976, nota 9, p. 337.

señala la existencia de un mito proveniente del siglo XVII y muy difundido, según el cual las raíces de las leyes fundamentales inglesas se remontan a una imaginada antigüedad inmemorial hundida en el pasado sajón. Mientras que, en realidad, hacia el siglo XVII no sólo la substancia sino también el vocabulario del derecho natural había entrado en la estructura del derecho inglés.[162]

Por otra parte, no ha dejado de influir en la minusvaloración del derecho natural una perspectiva de los juristas constitucionalistas sostenedores del derecho positivo y recelosos de una reviviscencia actual de argumentos iusnaturalistas.[163] Posturas respecto de las cuales, críticamente, se ha señalado la existencia de una voluntad de imbuir al pasado con autoridad prescriptiva.[164]

El principio del consentimiento en la historiografía iberoamericana

En este punto convendría efectuar previamente una acotación en términos comparativos, que me parece de especial importancia. Es de notar cómo la cuestión de la titularidad de la soberanía, central al iusnaturalismo, muestra coincidencias a la vez que también notables diferencias en el caso de las independencias anglo e

---

[162] Grey, Thomas C., *Origins...*, op. cit. supra, nota 141, pp. 852 y 853.

[163] Véase, por ejemplo, Hart Ely, John, *Democracia y desconfianza*, Bogotá, Siglo del Hombre Editores, 1997. Véase una excelente evaluación de esta controversia en Hamburger, Phillip A., "Natural Rights, Natural Law, and American Constitutions", *The Yale Law Journal*, Vol. 102: 907, 1992-1993, pp. 907 y sigts.

[164] "as Laura Kalman points out [...] they want 'to imbue the past with prescriptive authority." Posner, Richard, *Past-Dependency and Critique of History in Adjudication in Legal Scholarship*, The University of Chicago Law Review, vol. 67, Summer 2000, n° 3, p. 582.

hispanoamericana, observación que nos parece válida también para el caso del Brasil, del que nos ocupamos poco más adelante, que en este punto no es sustancialmente diferente del de Hispanoamérica. En ambos casos, los súbditos americanos de ambas monarquías defendieron sus pretensiones autonómicas alegando que el contrato originario era con el monarca y no con la nación inglesa o española. En el caso hispanoamericano, ante la pretensión de lograr el reconocimiento de la metrópolis como autoridad sustituta del monarca, los criollos alegaban que su vínculo político era con la monarquía castellana y no con la nación española y que, vacante el trono, reasumían la soberanía. En el caso angloamericano, ante las pretensiones del Parlamento británico de imponer su autoridad en las colonias invocando la representación *virtual* de los colonos en su seno, éstos respondieron en forma similar a la hispanoamericana, alegando que su dependencia era respecto de la corona y no del Parlamento.

Pero, la diferencia entre ambos casos es que en las colonias angloamericanas el argumento derivó de inmediato en el corolario de la independencia. Al enfrentar esas pretensiones del Parlamento británico, los colonos defendían la soberanía de su ya existente gobierno representativo, cuyo órgano fundamental eran las Asambleas, las que, a diferencia de los Cabildos, eran productos de comicios y poseían capacidad legislativa, especialmente en materia de tributos. De manera que, ante la pretensión de la existencia de un solo poder soberano en el Parlamento británico, la única vía para mantener la soberanía de sus Asambleas fue la de la ruptura del vínculo colonial. En el caso hispanoamericano, en cambio, los criollos se encontraban ante dos circunstancias muy diferentes. Por una parte, la inexistencia de órganos soberanos y de una práctica real de gobierno representativo no podía generar argumentos para defender algo inexistente. Pero, por otra parte, la vacancia del trono generaba una situación también pasible de ser enfocada en términos del derecho natural, apelando a la doctrina del pacto de sujeción y de la retroversión del poder a los pueblos, con la consiguiente indefinición momentánea ante el dilema de la disolución o del mantenimiento del vínculo con la monarquía castellana.

En cuanto a Brasil, pese a que parecería un caso diferente del de las colonias hispanoamericanas, sin embargo muestra también que la legitimación de la constitución de un poder independiente del de Portugal no podía ser hecha sino en términos del pacto de sujeción. Es cierto que la doctrina de la reasunción del poder por el pueblo no era aplicable en los casos locales en el Brasil independiente, dado que la continuidad monárquica implicaba la no existencia de un corte en la legitimidad del poder. En la medida en que los pueblos brasileños reconocieran la autoridad soberana del Emperador, la doctrina de la reasunción del poder carecía de funcionalidad. Pero esto no era así en el caso del Brasil como un todo, respecto del cual la *Câmara* de Rio de Janeiro sostenía que:

> "Cuando huma Nação muda o seo modo de existir, e de pensar nao pode, nem debe tornar a ser governada como era antes dessa mudança. O Brasil, elevado a cathegoria de Reino, reconhecido por todas as Potencias, e com todas as formalidades que fazem o direito publico da Europa, tem inquestionavel jus a *reempossar-se da porção de Soberania que lhe compete*, porque o estabelecimiento da ordem constitucional he hum negocio privativo de cada Povo".
> [subrayado nuestro]

Se trata de un documento que comienza invocando "A Natureza, a Razão, e a Humanidades", en el que hay referencia a los "direitos da natureza, e das Gentes", al concepto de soberanía y a los derechos ocultados por medio de la negativa a dar instrucción a los habitantes del Brasil. Asimismo, se refiere a la soberanía de las provincias de Brasil, a las que llama "Provincias Colligadas do Brasil", y expresa el temor de que se califique de rebelión "a reassumiçao da sua Soberania desprezada".[165]

Por otra parte, en el caso de la segregación de Rio Grande do Sul, la revolución *Farroupilha* era justificada por su principal líder con algunos de los argumentos clásicos extraídos del derecho de gentes:

> "Desligado o Povo rio-grandense de Comunhão Brasileira reassume todos os direitos da primitiva liberdade; usa direitos imprescritíveis, constituindo-se República Independente; toma na extensa escala dos Estados soberanos o lugar que lhe compete pela suficiência de seus recursos, civilização e naturais riquezas, que lhe aseguram o exercicio pleno e inteiro de sua Independência, Eminente Soberania de Dominio, sem sujeição ou sacrificio da mais pequena parte desta mesma Independência, ou soberania à outra Nação, Governo e Potência estranha qualquer".[166]

En un caso, entonces, el de las colonias angloamericanas, se defendió la ya existente realidad de una organización política representativa y soberana. En el otro caso, el de las colonias iberoamericanas, se defendió el derecho a inaugurar el ejercicio de una autonomía soberana mediante la figura de la retroversión del poder. Pero, al igual que en el caso norteamericano,

---

[165] "Representação que a su Alteza Real o Principe Regente Constitucional e Defensor Perpetuo do Reino do Brasil, dirige o Povo do Rio de Janeiro, pelo Senado da Câmara desta Corte", Rio de Janeiro, 20 de maio de 1822, en los fondos documentales de la John Carter Brown Library, Brown University, Providence, RI.

[166] Padoin, Maria Medianeira, *Federalismo Gaúcho, Fronteira Platina, Direito e Revolução*, São Paulo, 2001, p. 92.

en el curso de la formación de los nuevos Estados hispanoamericanos es destacada la importancia y persistencia del principio del *consentimiento*. Las nuevas entidades soberanas que se consideraban herederas de la soberanía de la corona castellana, celosas de su independencia y por lo tanto en su mayoría proclives a las formas confederales de asociación política, encontraban en ese principio la mejor salvaguarda de esa independencia. El argumento sirvió reiteradamente para que los considerados organismos soberanos representativos de las ciudades y luego provincias o Estados iberoamericanos rechazaran decisiones tomadas sin su consentimiento.

Veamos unos pocos ejemplos, de fechas muy distantes. El chileno Camilo Henríquez en febrero de 1812 argüía que la instauración de una autoridad era producto de la necesidad de los seres humanos de atender a su seguridad en sociedad pero mediante "un consentimiento libre": "Establezcamos pues, como principio, que la autoridad suprema trae su origen del libre consentimiento de los pueblos, que podemos llamar pacto, o alianza social".[167]

En Brasil, Diogo Antônio Feijó proclamaba en 1822 en las Cortes de Lisboa:

> "Nenhuma associação è justa, quando não tem por base a livre convenção dos associados: nenhuma sociedade è verdadeira, quando não tem por fim as vantagens dos indivíduos que a compõem. Um homem não pode, não deve impor leis a outro homem: um povo não tem direito algum a obrigar outro povo a sujeitar-se às suas instituições sociais. O despotismo tem podido atropelar estas

---

[167] Henríquez, Camilo, "Nociones fundamentales sobre los derechos de los Pueblos", *Aurora de Chile*, Tomo I, N° 1, 13 de febrero de 1812.

verdades, mas o sentimento delas ainda não pôde ser de uma vez sufocado no coração do homem".[168]

Reiterando las nociones tomadas de algunos de los principales tratadistas del derecho de gentes, el primer Rector de la Universidad de Buenos Aires y profesor de Instituciones de Derecho Natural y de Gentes, Antonio Sáenz, declaraba –en un texto en el que es notoria la huella de Pufendorf– que "Para que resulte una verdadera asociación es precisa la reunión de todas las voluntades o consentimientos de los asociados". De manera que el que no "quiera concurrir, no pertenece a la sociedad y puede retirarse voluntariamente de ella". Por lo tanto, "ninguno puede ser obligado a entrar contra su voluntad en una asociación porque su consentimiento debe ser libre y espontaneo". Y agregaba: "Por la misma razón es injusto y arbitrario castigar o perseguir a los que rehúsan prestarse a una nueva sociedad, pues no perteneciendo a ella, ni habiéndosele sometido, es violenta y tiránica toda autoridad que quiera ejercerse sobre ellos".[169] Luego, siguiendo a Pufendorf, al resumir las condiciones necesarias para formar una nación, colocaba en primer lugar el consentimiento: "para el establecimiento ordenado y legitimo de una sociedad son necesarias tres cosas; primera, el convenio o consentimiento de todos los asociados entre sí y unos con otros, por el cual se comprometan a reunirse en so-

---

[168] Feijó, Diogo Antônio, "Discurso nas Cortes de Lisboa, [Extraído de *Diário das Cortes*, sessão de 25 de abril de 1822, 1ª Legislatura, t. V, p. 951]", en Feijó, Diogo Antônio, *Diogo Antônio Feijó*, São Paulo, Editora 34, 1999, p. 51

[169] Sáenz, Antonio, *Instituciones Elementales sobre el Derecho Natural y de Gentes [Curso dictado en la Universidad de Buenos Aires en los años 1822-23]*, Buenos Aires, Instituto de Historia del Derecho Argentino, Facultad de Derecho y Ciencias Sociales, 1939, pp. 62 y 63.

ciedad y sostenerla con los recursos que ellos mismos deben facilitar".[170]

Estas consideraciones del Presbítero Sáenz no pueden ser leídas sin conectarse con los ya profundos conflictos estallados en torno a las tentativas de imponer la organización de un Estado unitario a los pueblos rioplatenses adversos al mismo. Porque no otra cosa que este principio fue el fundamento de la oposición a las constituciones de 1819 y 1826 por parte de los pueblos rioplatenses adversos al unitarismo. Aunque también es cierto que el mismo principio podía servir de apoyo a la postura contraria: "las provincias argentinas –se lee en el *Argos de Buenos Ayres* en 1823–, dado que fue por Buenos Aires el primer grito de independencia, por un consentimiento unánime de viva voce se comprometieron a formar un solo estado, o más bien el que tenían bajo el régimen de los virreyes".[171] Asimismo, no dejaría de amparar a Buenos Aires contra las soluciones federales que amenazaban el monopolio de la Aduana y la navegación de los ríos.[172] Y, aunque pueda parecer una sorpresa, ya pasada la mitad del siglo, encontraremos a un miembro de la segunda generación romántica como Bartolomé Mitre amparándose reiteradamente en el derecho natural para rechazar el Acuerdo de San Nicolás, convocante del congreso constituyente de 1853. Transcribo sólo una de sus invocaciones del mismo:

---

[170] *Ibid.*, p. 66. Pero, continuaba, "La mayor parte de las sociedades no se ha formado de este modo. La ambición de hombres poderosos, la fuerza con que se han alzado por lo general algunos guerreros afortunados y diestros, el temor de los pueblos amenazados, y muchas veces asolados, han sido las bases sobre que se han fundado la mayor parte de los Imperios del Mundo".

[171] *El Argos de Buenos Ayres*, 12-4-1823, continuación del artículo anterior "La Banda Oriental no tiene derecho a la secesión".

[172] Véase al respecto nuestro libro *Ciudades, provincias, Estados..., op. cit.* supra, nota 74, pp. 226 y sigts.

"Las autoridades se fundan sobre dos principios, ó diré más bien, sobre dos especies de derechos, ó sobre el derecho natural, ó sobre el derecho escrito.

La autoridad creada por el acuerdo de San Nicolás, no se funda sobre el derecho natural, desde que es una autoridad despótica, sin reglas, sin ley, sin límites, sin contrapeso. Es una autoridad mayor que la del pueblo, y más fuerte que la libertad. Por esto es contra naturaleza".[173]

* * *

Al llegar a este punto, podríamos formular las siguientes observaciones: 1. A diferencia de lo ocurrido en la historiografía latinoamericanista, la influencia del Iusnaturalismo ha tenido mayor presencia en la norteamericana; 2. En las diversas referencias al tema se ha entendido por "law of nature" y "law of nations" las doctrinas de las corrientes no escolásticas del derecho natural; 3. En esta perspectiva no sólo se ha considerado la influencia de Grocio, Pufendorf y Locke, sino también, y con bastante énfasis, la de autores hoy casi olvidados en la historiografía latinoamericanista, como Burlamaqui y Vattel; 4. Pese a esa mayor consideración, el enfoque del derecho natural resiente aún de ciertas limitaciones; entre ellas, frecuentemente, las de no tener presente el nexo de la tradición jurídica británica con el derecho natural escolástico y con el Iusnaturalismo continental, nexo que se percibe en la Petición de Derechos, y hasta en la misma Magna Carta, especialmente a través del principio del consentimiento; 5. Al respecto, parece observarse una reacción contra el exceso de anteriores

---

[173] Mitre, Bartolomé, "Discurso contra el acuerdo de San Nicolás", 21 de junio de 1852, en *Arengas*, 3 vols., Buenos Aires, Biblioteca de "La Nación", 1902, Tomo Primero, p. 14.

interpretaciones de la revolución norteamericana en términos económicos y de lucha de clases,[174] lo que puede explicar también que la cuestión del consentimiento suele ser tratada con cierta displicencia como un lugar común excesivamente frecuentado; 6. En cuanto a la historiografía latinoamericanista, la evaluación del derecho natural y de gentes en el proceso de las independencias continúa prácticamente relegada a parte de la historiografía de base católica; 7. Tanto en la historiografía latinoamericanista como en la angloamericana, el principio del consentimiento y otros de los principales componentes de las doctrinas iusnaturalistas –contractualismo, cuestión de la soberanía– son abordados frecuentemente sin atender a esa condición.

Por otra parte, conviene volver al problema formulado en el capítulo anterior: el de las limitaciones que supuestos ideológicos imponen al tratamiento de ciertos temas. Es evidente que en los estudios sobre el universo intelectual angloamericano las principales teorías que informan los escritos de los colonos son referidas o a las obras de autores anglosajones, como Locke y algún otro del siglo XVIII, al *common law* británico, a documentos como la Petición de Derechos y a algún otro rasgo de la tradición política británica, tal como la constitución mixta de la nación inglesa.

En este caso, esas limitaciones, podríamos conjeturar, pueden provenir tanto de la universal tendencia a enfatizar los logros de la historia nacional como también de la brecha intelectual derivada de la Reforma. El

---

[174] Observable en la controversia historiográfica relativa a las ideas constitucionales de los años 1760 y 1780, respecto de si la revolución fue consecuencia de ideas e ideales o de intereses materiales. Grey, Thomas C., *Origins...*, *op. cit.* supra, nota 141, p. 848; cf. asimismo Wood, Gordon S., *The Radicalism...*, *op. cit.* supra, nota 127, pp. 3 y sigts.

generalizado y fuerte rechazo a la producción intelectual del mundo católico, pudo hacer subestimar, por un mecanismo quizás similar en el fondo al de la parte liberal de la historiografía latinoamericanista, el papel del derecho natural no sólo en la teoría política sino también en la vida social del siglo XVIII.[175]

Pero, asimismo, del otro lado de esta frecuentemente tácita controversia es también posible advertir un sesgo. Ello se hace perceptible hasta en algunos de los mejores trabajos que han enriquecido la historia de las teorías políticas al exhibir los nexos entre las teorías denominadas "modernas" y las medievales. Tal como ocurre cuando, con el propósito de demostrar las raíces medievales de la idea de los derechos naturales, y advirtiendo que los promotores de las teorías secularizadas de los derechos frecuentemente olvidaron los orígenes remotos de las mismas, se subraya que ellas son la culminación de un largo proceso de evolución histórica, al punto que:

> "documentos históricos tan resonantes como la declaración de la independencia norteamericana y la declaración francesa de los derechos del hombre, puntos centrales de la teoría política occidental, vieron la luz por primera vez en las oscuras glosas de juristas medievales".[176]

---

[175] Cf. Zuckert, Michael P., *Natural Rights...*, *op. cit.* supra, nota 77, p. xvi. Como muestra de ese rechazo, ya fuerte en tiempos coloniales, podría servirnos un texto de una declaración de la ciudad de Boston en 1772 en la que alegando en favor del principio de tolerancia y apoyándose en Locke se sostiene que sólo deben excluirse de los beneficios de la tolerancia aquellas sectas subversivas del gobierno civil. Y puntualiza que "Los católicos romanos o papistas están excluidos", en razón de sus doctrinas que ordenan deponer a los Príncipes excomulgados y destruir sin piedad a aquellos que llaman heréticos. *The votes and proceedings...*, *op. cit.* supra, nota 103.

[176] "this central concept of Western political theory first grew into existence almost imperceptibly in the obscure glosses of the medieval jurists." Tierney, Brian, *The Idea of Natural Rights, Studies on Natural Rights,*

Afirmación parcialmente verdadera pues no da cuenta de la diversa función que cumplieron en uno y otro momento.[177] Y, por otra parte, de lo que observaba Corwin respecto de la distinta suerte corrida por la formulación de esos derechos en el continente, donde la limitación del poder monárquico no se logró, y en Inglaterra, donde la soberanía del Parlamento consiguió ese objetivo: cuando respecto del continente se habla de ideas, respecto de Inglaterra se habla de instituciones.[178]

Algo similar se nota en Rommen cuando, después de referirse a que la tradición del derecho natural como instrumento de contención del poder arbitrario, que había encontrado un ambiente particularmente favorable en el Nuevo Mundo, comenzó a desvirtuarse al recibir una cruda interpretación individualista, manifiesta su preocupación por el grado alarmante a que habría llegado la disolución de la herencia legal cristiana después de la difusión del método analítico de Austin y los progresos del pragmatismo.[179]

Nos parece, entonces, que muchos aspectos de la historia no sólo intelectual y política, sino también social y económica, serían mejor tratados evitando, por una parte, la generalizada confusión del derecho natural con una corriente sólo jurídica y, por otra, las limitaciones de inconscientes prevenciones de antigua data que acechan de continuo.

Natural Law, and Church Law, 1150-1625, [2ª. ed.], Wm. Eerdmans, Grand Rapids, MI, 2001. [1ª. ed., 1997], p. 344.

[177] Pese a que al autor no se le escapa la decisiva función del contexto histórico: la variada suerte corrida por cada una de ellas –escribe–, se debió al contexto histórico: "each particular theory was shaped partly as a response to a specific set of contingent circumstances. So a history of natural rights theories has to be concerned as much with contexts as with texts". *Ibid.*, p. 344

[178] Corwin, E. S., *op. cit.* supra, nota 131.

[179] Rommen, H. A., *The Natural Law...*, *op. cit.* supra, nota 134, p. 101.

Algunas conclusiones

En la historiografía relativa al siglo XVIII angloamericano se pueden distinguir entonces varias líneas de interpretación respecto de la ideología de los colonos angloamericanos, en especial en lo que concierne al derecho natural y de gentes, líneas que en buena medida remiten a las diferentes interpretaciones de la naturaleza del pensamiento político británico de la época.

Pero, antes de examinarlas, es imprescindible advertir que, *tanto en los que niegan o minimizan la importancia del derecho natural como en los que lo reconocen, predomina la limitada concepción que lo enfoca como un conjunto de nociones jurídicas, de las que se destacan las concernientes al derecho constitucional.*

Los principales historiadores actuales del período –Bailyn, Wood– a veces suelen subvalorar y a veces negar –Greene– la importancia del derecho natural tanto en Angloamérica como en Gran Bretaña. En ellos, los rasgos iusnaturalistas presentes en los textos de la época son por lo general considerados como tradiciones británicas y esas tradiciones se rotulan a veces como propias del *common law* y en otras ocasiones como pertenecientes a "antiguas costumbres" o a "inmemoriales tradiciones". Es decir que, si bien la influencia del derecho natural es reconocida como fruto de lecturas de ciertos autores (Locke, Burlamaqui, Vattel), frecuentemente, cuando tratan conceptos provenientes del derecho natural no los perciben como tales, considerándolos sólo como antigua tradición británica.

Por ejemplo, un punto de especial preocupación ha sido el trasfondo iusnaturalista de la Declaración de la Independencia. En algunos autores se percibe un esfuerzo por negar la trascendencia del derecho natural en ese texto como en el ya comentado caso de John Phillip Reid, en quien estos rasgos están más patentes e inclusive, con explícita crítica a las tesis opuestas.

En otra línea de interpretación, más antigua, la influencia del derecho natural es verificada tanto para el siglo XVIII como para los comienzos del pensamiento político británico en el siglo XII. No sólo en un autor del siglo XVIII como Blackstone, sino también en historiadores relativamente recientes, citados más arriba, como Heinrich A. Rommen, Brian Tierney, así como en historiadores del derecho, como Thomas Grey o Phillip A. Hamburger. De ellos, como ya lo expusimos, Thomas Grey se refiere explícitamente al mito de una inmemorial antigüedad, proveniente del siglo XVII y asumido por los Whigs norteamericanos, según el cual esas no escritas leyes fundamentales provenían del pasado sajón y su autoridad descansaba en parte en esa imaginaria inmemorial antigüedad, aunque asimismo en su razonabilidad.[180]

De manera que, si aceptamos las numerosas evidencias de la presencia del derecho natural –de su contenido como de su vocabulario–, en la estructura del derecho británico,[181] parecería que estamos ante un dilema absurdo, dado que la influencia del derecho natural es constitutiva de la tradición británica, desde el siglo XII en adelante, y dado que el argumento de la "costumbre inmemorial" puede considerarse en buena medida otro caso de invención de tradiciones.

Ante esta negación de la evidente presencia del derecho natural escolástico en las raíces de la tradición británica, así como del posterior Iusnaturalismo en los siglos XVII y XVIII, lo importante sería explicarse el porqué de esa negación, tanto por los hombres del siglo XVIII como por algunos historiadores actuales.

---

[180] Véase más arriba, nota 42.

[181] "not only the substance but also the vocabulary of natural law argument had entered into the fabric of English law", Grey, Thomas, *op. cit.* supra, nota 141, p. 853

Pero para mejor aclarar esta extraña disputa, sería útil recordar, previamente, ante qué están reaccionando los que critican la atención concedida al derecho natural. Existen aparentemente los siguientes conflictos historiográficos, algunos de los cuales hemos comentado más arriba, que parecerían estar en la base de esta disputa:

En primer lugar, un conflicto entre la interpretación de la independencia en términos socioeconómicos, esto es, como derivada de condiciones económicas y antagonismos de clases, por una parte, y la reacción de corrientes historiográficas posteriores al predominio de la historia económica de los años 50 y 60, por otra. La primera tuvo su principal expresión en el libro de Charles A. Beard sobre la interpretación económica de la revolución.[182] Esta disputa es visible en la obra de Bernard Bailyn, quien fue el que inicia la corriente que analiza la historia intelectual con prescindencia de sus implicaciones sociales. Un resultado de su estudio es comprobar que la revolución fue sobre todo un combate ideológico, constitucional y político, y no una controversia entre grupos sociales respecto de la organización de la sociedad o de la economía.[183]

También se percibe en Gordon Wood, quien si bien no elude la conexión entre la historia intelectual y la historia social, polemiza abiertamente con la interpretación de la independencia en términos socioeconómicos. Wood, como Bailyn, critica los intentos de interpretar la revolución como una consecuencia de factores económicos e injusticia social.[184] Ese propósito no ha sido logrado, arguye, porque las

---

[182] Beard, Charles, *An Economic Interpretation of the Constitution of the United States*, New York, 1913.

[183] Bailyn, Bernard, *The Ideological Origins of the American Revolution*, Cambridge MA, Harvard University Press, 1967, p. vi.

[184] "But, it has been correctly pointed out, despite an extraordinary amount of research and writing during a good part of this century,

condiciones sociales y económicas no eran como esos historiadores las suponen, porque los colonos norteamericanos no eran un pueblo oprimido y además "sabían que eran libres, más iguales, más prósperos, y menos cargados con pesadas restricciones feudales y monárqucias que cualquier otra parte de la humanidad en el siglo XVIII".[185]

En segundo lugar, también existe un conflicto, tal como en la historiografía latinoamericana, entre las tendencias de historiadores católicos a subrayar la importancia del derecho natural y a criticar el olvido de los nexos del pensamiento británico con la escolástica,[186] y la tendencias de historiadores liberales que se inclinan a negar esa importancia como reacción ante algo que consideran de matriz católica. Por último, también ha sido condicionante el ya señalado conflicto entre los constitucionalistas actuales sostenedores del derecho positivo como único válido y los que admiten la validez del derecho natural.[187]

---

the purposes of these Progressive and neo Progressive historians 'to portray the origins and goals of the Revolution as in some significant measure expressions of a peculiar economic malaise or of the social protests and aspirations of an impoverished or threatened mass population-have not been fulfilled." Wood, Gordon S., *The Radicalism of the American Revolution*, New York, Vintage Books, 1993, p. 3.

[185] "In fact, the colonists knew they were freer, more equal, more prosperous, and less burdened with cumbersome feudal and monarchical restraints than any other part of mankind in the eighteenth century." *Ibid.*, p. 4

[186] Véase al respecto, Tierney, Brian, *op. cit.* supra, nota 77, p. 6.

[187] Véanse, más arriba, en la nota 63, las observaciones de Richard Posner y también sus sugestivas observaciones en el parágrafo "History as Idol and as Mask". Véase un comentario en Chiaramonte, José Carlos, "The Principle of Consent in Latin and Anglo-American Independence", *Journal of Latin American Studies*, N° 36, Cambridge University Press, 2004, p. 580.

IV.
Acerca de la periodización histórica

El desarrollo de los estudios históricos a partir de la primera mitad del siglo XIX muestra rasgos semejantes a los existentes en las ciencias de la naturaleza. Particularmente importante para nuestro tema son los nexos de ciertas categorías de las ciencias naturales con el recurso interpretativo de la periodización histórica.

El concepto científico-natural de una evolución dividida en segmentos, segmentos que poseerían una homogeneidad distintiva y, consiguientemente, el procedimiento de la clasificación[188] de los fenómenos según esos segmentos, como base de la labor científica, puede encontrarse también en la Historia a partir de la emergencia del *historicismo* en la primera mitad del siglo XIX, en un conjunto de autores que se suele englobar en el llamado Romanticismo. En el campo de la Historia, el *historicismo* continúa siendo el soporte, explícitamente o no, de las diversas formas de periodización y, consiguientemente, de la interpretación global del pasado. Por otra parte, también está en la base de la crítica a la posibilidad del conocimiento del pasado, tal como se expresó en la famo-

---

[188] Si bien en la actual sistemática *clasificación* designa la elaboración de taxones mientras que lo que habitualmente llamamos clasificación recibe el nombre de *determinación*, seguiremos utilizando *clasificación* en el sentido habitual.

sa observación de Croce de que toda historia es historia contemporánea.[189]

Pero debido a que el *historicismo* es uno de los conceptos que ha reunido significados diversos, conviene aclarar que en este trabajo no lo entendemos como la simple relación de un fenómeno histórico y su contexto, tal como, por ejemplo, un teórico de la literatura como Bourdieu lo entiende al criticar la ignorancia del contexto histórico por historiadores de la filosofía, a cuya postura aplica consecuentemente el calificativo de *antihistoricismo*. En un parágrafo que lleva el sugestivo título de "La miseria del antihistoricismo" –evidente crítica a Popper–, y en el que se ocupa de "la deshistorización más o menos consciente que determina la ignorancia activa o pasiva del contexto histórico",[190] es perceptible que su concepto del historicismo es ese que lo reduce a la vinculación del texto literario con las correspondientes circunstancias históricas:

> "la lectura deshistorizada y deshistorizante del historiador de la filosofía tiende a poner entre paréntesis (de forma más o menos completa) todo lo que vincula el texto a una historia o a una sociedad".[191]

Independientemente de este uso convencional del término, aquí nos interesa otro concepto del historicismo, aquél que refiere a una visión general de la historia. Al respecto, señalaba Meinecke que lo esencial del historicismo consiste en el reemplazo de una conside-

---

[189] Croce, Benedetto, *La historia como hazaña de la libertad*, México, F.C.E., Segunda edición, 1960, p. 11. Según Collingwood, este criterio había sido anticipado por Voltaire: Collingwood, Robin George, *Idea de la Historia*, México, F.C.E., segunda edición, 1965, p. 313.

[190] Bourdieu, Pierre, *Las reglas del arte, Génesis y estructura del campo literario*, Barcelona, Anagrama, 1995, p. 451.

[191] *Ibid.*, p. 449.

ración generalizadora de las fuerzas humanas por otra individualizadora, lo que no significa que descartase "la busca de regularidades y tipos universales", sino que tiende a fusionarlas con "su sentido por lo individual". Agregaba a continuación que no estaba afirmando que lo individual había sido hasta entonces ignorado sino que fue opacado por la concepción del derecho natural imperante desde la antigüedad, la que sostuvo la estabilidad de la naturaleza humana a través del tiempo.[192] Y advertía que al abandonarse el derecho natural:

> "el historicismo ha llegado a ser de tal manera parte integrante del pensar moderno, que sus huellas son visibles para una mirada atenta en casi todo juicio sustancial sobre las formaciones humanas. Pues casi siempre aflora, clara o confusa, la representación de que la particularidad de estas formaciones depende, no sólo de condiciones externas, sino de condiciones íntimamente individuales".[193]

Respecto de la sustancia de lo que el historicismo venía a reemplazar, el derecho natural, añade en el mismo lugar estas observaciones que interesa reproducir *in extenso*:

> "No cabe imaginar lo que ha significado este derecho natural para la humanidad de los pueblos de Occidente durante casi dos mil años, ya en su forma cristiana, ya en la

---

[192] Meinecke, Friedrich, *El historicismo y su génesis*, México, FCE, 1982 [primera edición en alemán: 1936], p. 12.

[193] *Ibid.*, p. 13. Comenta Meinecke: "Todavía menos vamos a resolver el problema de si, a pesar de todo, el derecho natural contiene el germen sin cesar renaciente de necesidades humanas eternas y en qué grado lo contiene. Es sabido que ha actuado y sigue actuando hasta hoy como idea y fuerza histórica aun después de la irrupción de la nueva manera individualizadora de pensar. Así vino a ser el siglo XIX el crisol de estas dos concepciones. A él nos conduce derechamente la génesis del historicismo en la segunda mitad del siglo XVIII, que vamos a exponer en sus mezclas y roturas, en los residuos de lo antiguo junto con la irrupción de lo nuevo". *Loc. cit.*

nueva ruptura profana adoptada desde el Renacimiento. Fue como una estrella polar inconmovible en medio de las tempestades de la historia del mundo. Dio al pensamiento de los hombres un apoyo absoluto, un apoyo tanto más fuerte si lo realzaba la fe cristiana revelada. Podían emplearle las ideologías más diversas y más incompatibles entre sí. La razón humana, considerada como eterna e independiente del tiempo, podía legitimarlo todo, sin que se advirtiera que así perdía su carácter intemporal y se nos revelaba como ella es: una fuerza que se individualiza sin cesar. Con inclinaciones románticas se puede bendecir esta ilusión y diputarla como ingenuidad feliz y creadora de la juventud, pues de ella depende la apacible seguridad de las formas de la vida, frecuentemente alabada, y la fe incondicionada de los siglos pasados. Se dirá que la religión tuvo más parte en ello que el derecho natural. Pero derecho natural y religión estuvieron precisamente fusionados durante largo tiempo, y esta fusión influía de hecho en los hombres".

Se ha comentado que a partir de los conceptos metodológicos del historicismo, el historiador, al estudiar el pasado mediante registros y otras evidencias empíricas, busca determinar las características particulares que distinguen a un individuo de todos los demás, así como las características que son comunes a todos, en función de las circunstancias específicas de los tiempos. De tal manera, *es conducido a concebir cada persona, evento, nación o era, como un único individuo,* que evoluciona en un período de tiempo a través de sus propios medios internos y a través de interacción causal con otros desarrollos individuales.[194]

Estas observaciones son de alguna manera similares a lo que Fueter observaba sobre el Romanticismo, al

---

[194] Rand, Calvin G., "Two Meanings of historicism in the writings of Dilthey, Troeltsch, and Meinecke", *Journal of the History of Ideas*, Vol. 25, N° 4, (Oct.-Dec., 1964), pp. 507 y 508.

señalar que "personifica conceptos tales como la nacionalidad, el derecho nacional, el arte nacional, la fe religiosa y les hace producir por sí mismos la historia".[195] Aun tomando en cuenta que la simpatía de Fueter hacia la Ilustración puede ser fuente de un prejuicio, sus observaciones conservan validez. Así, es sugerente la observación que sigue a las anteriores. Los románticos, escribía:

> "Tomaban las comunidades lingüísticas modernas, que llamaban nacionalidades, por magnitudes independientes que habían existido siempre y que habían influido en el desarrollo histórico. El *genio del pueblo*, pensaban, había hecho nacer constitución, derecho, arte y literatura / por lo mismo que en aquél había fuerzas vitales".[196]

La herencia romántica y la periodización

Aquella tendencia, comentada en el parágrafo anterior, a individualizar y sustancializar fenómenos históricos colectivos, indujo a adjudicar un carácter distintivo a los períodos históricos. Troeltsch, el historiador-sociólogo de las religiones, para quien la división en épocas constituye la verdadera estructura de la ciencia histórica,[197] observaba que para tal filosofía de la historia todo gira en torno al concepto de totalidades individuales, con los rasgos de

---

[195] Fueter, Ed., *Historia de la Historiografía Moderna*, 2 vols., Buenos Aires, Nova, 1953, Volumen II, p. 94.

[196] *Ibid.*, p. 96. Añadía Fueter que la historia ha mostrado los inciertos fundamentos sobre los que se fundaba "la doctrina de la invariabilidad de las cualidades propias de las razas. Se ha visto claramente que su derivación de un hipotético genio del pueblo oculta en muchas ocasiones el desconocimiento de la historia o de la sociología".

[197] Huizinga, Johan, *El concepto de la historia y otros ensayos*, México, FCE, 1980, p. 78. Dilthey, Troeltsch y Meinecke son tres autores alemanes considerados como las mayores autoridades respecto al historicismo. Rand, Calvin G., *"Two Meanings..."*, *op. cit.* supra, nota 192, p. 503.

originalidad y singularidad. *Estas totalidades individuales pueden ser nacionalidades, estados, clases, gremios, tendencias culturales, hermandades religiosas, procesos complejos de todas clases, tales como revoluciones políticas o la revolución industrial, y también períodos de las civilizaciones.*[198] En tal perspectiva, ellas poseen una unidad de sentido inmanente, apreciación que también conduce a Troeltsch al concepto de mentalidades colectivas. Los objetos de los historiadores son así pensados como totalidades individuales, tales como el Renacimiento, la Reforma, la Antigüedad, con su propia unidad de sentido. Una concepción que es fruto del romanticismo germano que, interpreta Troeltsch, dio al tratamiento germano de la historia un lugar de preeminencia en la cultura del siglo pasado.[199]

En un texto de 1922, apuntando a establecer las causas de tales construcciones conceptuales, Troeltsch aborda el problema de la diferencia, teórica y permanente, entre el sistema germano de ideas y el de la Europa occidental y América.[200] El ensayo está evidentemente influido por la guerra entonces reciente y consiste en una búsqueda de las diferencias de ambas culturas que pudieran explicar la confrontación. El pensamiento del occidente europeo y de los Estados Unidos de Norteamérica, sostiene, posee sus discrepancias internas y hasta algunos puntos de contacto con el germánico, pero tiene incuestionablemente una propia unidad lógica. De manera similar, en el siste-

---

[198] Lyman, Eugene W., "Ernst Troeltsch's Philosopht of History", *The Philosophical Review*, Number 5, Volume XLI, september, 1932, Whole Number 245, p. 449.

[199] *Ibid.*, pp. 450 y 463.

[200] Troeltsch, Ernst, "The Ideas of Natural Law and Humanity in World Politics", en Gierke, Otto, *Natural Law and the Theory of Society, 1500 to 1800, With a Lecture on The Ideas of Natural Law and Humanity in Ernst Troeltsch*, Boston, Beacon Press, 1957, "Appendix I".

ma germano de ideas, a despecho de muchas diferencias internas, hay una unidad lógica. Es una diferencia que cualquier extranjero puede percibir aunque no pueda definirla. La diferencia fundamental entre los dos mundos de pensamiento es clara. Si pretendemos aclarar el origen de tal diferencia, alega Troeltsch, nos vemos enfrentados a las concepciones del derecho natural y la idea de humanidad, con la noción de progreso añadida como corolario moderno de ambas. Son concepciones íntimamente conectadas con las ideas fundamentales de la cultura y con la vida religiosa de Europa. Y añade:

> "Sus raíces originales van mucho más lejos que el celo revolucionario de los tiempos modernos: ellas se pueden rastrear en el desarrollo espiritual de varios miles de años, aunque fueron conformadas de manera de asumir muy variadas formas en el curso de su larga historia".[201]

Los alemanes, agrega, no están preparados ni inclinados a comprender la diferencia. Es necesario profundizar en el sentido que en Europa occidental poseen los términos "Natural Law" y "Humanity", que han devenido ahora casi incomprensibles en Alemania, y han perdido su vida y color original.[202] Al hacer referencia a esos términos, continúa, se está tratando con algo muy antiguo en Europa (con algo que remite al pensamiento clásico y al cristiano), ideas que son la base de la filosofía de la his-

---

[201] *Ibid.*, p. 202: "In answering such questions, we are brought up against the conceptions of Natural Law and Humanity, with the notion of Progress now added as the modern corollary of both. These conceptions, in turn, are closely connected with all the fundamental ideas of the general culture and the religious life of Europe. Their original roots go far deeper than the revolutionary zeal of modern times: they run down into the spiritual developmet of some thousands of years, though they have been made to assume very various forms in the course of their long history."

[202] *Ibid.*, p. 202.

toria y de la ética europea, que han estado estrechamente conectadas, durante miles de años, con la teología y el humanismo, y que en tal amplio lapso han tenido muchas modificaciones y variados efectos. En cambio, añade, las concepciones germanas, en comparación, son modernas, esto es recientes e incipientes, aún no bien digeridas teóricamente.

En contraposición con el mundo europeo-norteamericano –que Troeltsch parece pensarlo restringidamente como el mundo anglosajón– el pensamiento germánico es reciente tanto en política como en historia y en ética, y está basado en las ideas de lo que llama la contrarrevolución romántica, un movimiento que comienza tratando de desmantelar los postulados del pensamiento europeo occidental, junto con los principios físico-matemáticos en que descansa. Ese movimiento busca erigir, en la esfera del Estado y de la sociedad, el ideal "orgánico" de un grupo comunitario, un ideal en parte estético y en parte religioso, pero imbuido de un espíritu de idealismo antiburgués.[203]

Y comenta –no teniendo en cuenta la reacción contra el derecho natural operada en el mundo anglosajón a partir de Hume y Bentham, entre otros–, que eso es el meollo del contraste: de un lado un racional y divinamente ajustado sistema de Orden, abarcando a la vez la moralidad y el derecho, y del otro lado, perpetuamente nuevas en-

---

[203] *Ibid.*, pp. 203 y 204. "German thought, on the other hand, whether in politics or in history or in ethics, is based on the ideas of the Romantic Counter-Revolution. This was a movement which began by seeking to clear away the postulates of West-European thought, along with the scientific basis of mathematico-physical principles on which they rested. It proceeded to erect, both in the sphere of the State and in that of Society at large, the 'organic' ideal of a group-mind (*Gemeingeist*) -an ideal half aesthetic and half religious, but instinct throughout with a spirit of antibourgeois idealism."

carnaciones individuales y vivientes de una mente históricamente creativa, de manera que aquellos que creen en un eterno y divino derecho natural, en la igualdad de los hombres y en un sentido de unidad dominando la humanidad, y que encuentran la esencia de la humanidad en todo eso, no pueden mirar la doctrina germana sino como una curiosa mezcla de misticismo y brutalidad.[204]

El resto del trabajo de Troeltsch consiste en un análisis de las características del pensamiento europeo occidental basado en el derecho natural (§4) y en las del pensamiento alemán, basado en el Romanticismo (§5), después de lo cual aborda el examen del desarrollo de ambos, pero especialmente del alemán, en el mundo contemporáneo, con el propósito de buscar una salida al estado de desmoralización de la cultura alemana luego de la guerra del 14, salida que encuentra en una apertura hacia los puntos de vista del otro mundo cultural pero sin abandonar aquellas peculiaridades del pensamiento germano, especialmente lo que estima su aporte a una mejor comprensión de la historia.

La inconsistencia de la periodización histórica

La tendencia a dividir la Historia en segmentos cronológicos posee variadas manifestaciones, aunque el esfuerzo por elaborar las formas de periodización sea pocas

---

[204] *Ibid.*, p. 204. "Here we touch the core of the contrast. We begin to see, on the one side, an eternal, rational and divinely ordained system of Order, embracing both morality and law; we begin to see, on the other, individual, living, and perpetually new incarnations of an historically creative Mind. Those who believe in an eternal and divine Law of Nature, the Equality of man, and a sense of Unity pervading mankind, and who find the essence of Humanity in these things, cannot but regard the German doctrine as a curious mixture of mysticism and brutality."

veces acompañado por la discusión de su razón de ser. Lo habitual es postular la existencia de épocas históricas, tal como lo hacía Ranke: "En cada época de la humanidad se manifiesta, por tanto, una gran tendencia dominante [...] independientemente de las grandes ideas inmutables y eternas, por ejemplo, de la idea moral, cada época tiene su tendencia específica y su ideal propio".[205]

Respecto de tal perspectiva y sintetizando lo más característico del historicismo romántico, Raymond Aron observaba que se trata de una visión de la historia que la considera dividida en épocas esencialmente distintas, lo que implica que las diversas manifestaciones de la actividad humana tengan un sello específico en cada época, distinto del de otras. Visión que contraponía a la de la Ilustración, que consideraba a la Historia como un continuo en cuanto a sus valores.[206]

Pero pese a su uso casi universal entre los historiadores, la división de la Historia en períodos homogéneos no se sostiene por otra razón que no sea la aparente comodidad que ofrece al relato. Esto ha sido bien percibido por diversos autores, entre ellos Huizinga, quien lo hace explícito en el título mismo del parágrafo que le dedica a este asunto, un largo título que refleja bien su postura:

"La división de la historia en períodos, aunque indispensable, tiene un valor secundario, es siempre imprecisa y fluctuante y, hasta cierto punto, arbitraria. Lo más conveniente es designar las épocas por nombres incoloros tomados de cortes externos y fortuitos".

Luego señalaba que:

---

[205] Ranke, Leopold von, "Sobre las épocas en la historia", en *Pueblos y Estados en la historia moderna*, México, F.C.E., 1941, pp. 58 y 59.

[206] Aron, Raymond, *Lecciones sobre la historia, Cursos del Collège de France*, México, FCE, 1996, p. 32.

"La necesidad de dividir la historia del mundo en una serie de *períodos, cada uno de los cuales envuelve su propia esencia* y se determina por sus propias normas, no responde a las exigencias de la historiografía misma, sino que tiene su raíz en la especulación cosmológica y en la astrología".[207] [el subrayado es nuestro]

Huizinga se interesa en el origen de las periodizaciones y también en sus debilidades. Pero su análisis termina diluyéndose en una postura, bastante común entre los historiadores, que percibe la insuficiencia de la periodización pero no puede renunciar a ella.

"No podemos prescindir de los nombres de las épocas históricas, porque estos nombres están llenos de un sentido precioso para nosotros, lo cual no es obstáculo para que todo intento de motivar su razón de ser lleve a las conclusiones contrarias".[208]

Y apela entonces a criterios ambiguos como el de no usar la periodización en forma rígida, ser flexible, "renunciar sabiamente a toda pretensión de exactitud", manejarse con "moderación y prudencia".[209] Y en todo caso, preferir periodizaciones puramente cronológicas, que no entrañen definición conceptual (por ejemplo, *il quattrocento...*). Y hasta incurre en petición de principio: "Estos conceptos son necesarios para poder comprender la historia en sus fases cambiantes".[210]

Incluso en alguien como Benedetto Croce se desprende un dejo de este endeble recurso a los criterios de "utilidad" práctica, de "flexibilidad" y "moderación":

---

[207] Huizinga, Johan, *El concepto de la historia y otros ensayos*, México, FCE, 1980, p. 7
[208] *Ibid.*, p. 74.
[209] *Ibid.*, p. 81.
[210] *Ibid.*, p. 78.

"Las 'épocas históricas' limitadas cronológicamente y refrendadas por un concepto o representación general, o por la figura de algún personaje y otro símbolo, son divisiones útiles para la memoria, legítimas con respecto a ese fin y aún indispensables, como se prueba por el hecho de que surgen espontáneamente y, por lo común, no es fácil evitarlas".

Y añade acentuando el carácter de recurso práctico y poco teórico que concede a la periodización:

"Sin embargo, cuando se olvidan su origen y propósito, cuando se vuelven rígidas, en conceptos o categorías filosóficas, no sirven ya para hacer más fácil la memoria de lo histórico, sino que más bien la comprimen, deforman y mutilan, haciendo así, ciertamente, que se olviden sus verdades".[211]

Más recientemente, el oscilar entre la inconsistencia de las periodizaciones y la necesidad de su utilización se encuentra en una obra colectiva, editada por Lawrence Besserman, cuyas fuentes son mayoritariamente literarias:

"En algunos de los más influyentes e innovadores grupos de estudios literarios y culturales contemporáneos, la periodización, un antiguo concepto aunque una palabra relativamente nueva, tiene mala reputación".[212]

Este párrafo inicial de un ensayo dedicado al desafío de la periodización prosigue con una referencia de un

---

[211] Croce, Benedetto, *La historia....*, *op. cit.* supra, nota 187, pp. 271 y 272.

[212] "In some of the most influential and innovative quarters of contemporary literary and cultural studies, periodization-an ancient concept, but a relatively new word-finds itself in very bad odor indeed." Besserman, Lawrence, "The Challenge of Periodization: Old Paradigms and New Perspectives", en Besserman, Lawrence (Ed.), *The Challenge of Periodization. Old Paradigms and New Perspectives*, New York and London, Garland, 1996, p. 3.

"ampliamente citado crítico marxista", Fredric Jameson, que sostiene que:

"el problema de la periodización y sus categorías, que ciertamente está hoy en crisis [...] puede parecer tan indispensable como insastifactorio para cualquier clase de trabajo en estudios culturales".[213]

El oscilar entre la conciencia de la falsedad de las periodizaciones y la necesidad de su utilización asoma también en un breve texto, póstumo, de Topolsky en el que enfrenta ya en el comienzo el núcleo del problema y que expone basado en su interés por la construcción de narrativas históricas, y la asunción de que segmentos del pasado poseen coherencia interna. Arguye que esto proviene del realismo, metafísico, de los historiadores que suponen que esa coherencia refleja la de la realidad, lo que está en desacuerdo con "el nuevo concepto de verdad". Pero admite que esa postura no es enteramente falsa. El historiador no refleja el pasado sino que construye imágenes coherentes del mismo basadas en fuentes. Se trata de la convicción de que las creencias humanas son conjuntos intelectuales más o menos coherentes y de que la asunción de coherencia está basada en el convencimiento de la existencia real de elementos interdependientes. Lo que lleva a otra asunción complementaria, agrega: la del cambio. Las narrativas históricas asumen otro factor que es la del cambio, conectada con el paso del tiempo. Esto lleva al historiador a la periodización, esto es, la división de las narrativas históricas en segmentos temporales.[214]

---

[213] "the problem of periodization and its categories, which are certainly in crisis today, [...] would seem to be as indispensable as they are unsatisfactory for any kind of work in cultural study", Jameson, Fredric, *The Political Unconscious*, London, Methuen, 1981, p. 27, cit. en Besserman, Lawrence, *ibid.*, p. 4.

[214] Topolsky, Jerzy, "Periodization and the creation of the narrative wholes", *Storia della Storiografia*, 37 (2000), p. 12.

Las críticas a la insuficiencia, cuando no a la falsedad, de las periodizaciones abundan.[215] Un diagnóstico menos clemente fue hecho por Collingwood. Los que llama "historiadores de tijeras y engrudo" suelen inventar, afirmaba:

> "un sistema de casilleros en el cual acomodan su saber. Este es el origen de todos aquellos esquemas y estructuras en que la historia, con docilidad sorprendente, se ha dejado encajar por hombres como Vico, con su esquema de los ciclos históricos basado en las especulaciones grecorromanas; y como Kant, con su proposición para una 'historia universal desde un punto de vista cosmopolita'".

Añade a Hegel, Comte, Marx, Flinders, Petrie, Oswald Spangler y Arnold Toynbee. Y continúa:

> "Aunque esta tendencia a acomodar el todo de la historia en un esquema único (no en un esquema simplemente cronológico, sino en un esquema cualitativo, en que los 'períodos' –cada uno de los cuales tiene su carácter peculiar– se siguen unos a otros con arreglo a patrón que puede ser necesario *a priori*, sobre una base lógica, o que quizás

---

[215] Véase un repertorio de tales críticas realizado en 1925, en un texto que centra su interés en el concepto de Edad Media: Spangenberg, H., "Los períodos de la Historia Universal", *Revista de Occidente*, Tomo X, 1925, Nos. XXIX y XXX, 1925/26. Sobre la historia de ese concepto, de asidua presencia en las discusiones sobre periodización, véase un trabajo más reciente: Sergi, Giuseppe, *La idea de Edad Media, Entre el sentido común y la práctica historiográfica*, Barcelona, Crítica, 2000, que también es algo distante respecto de la legitimidad de las periodizaciones y en el que asimismo se nota esa contradicción ente la conciencia de una falsedad de la periodización y la imposibilidad de abandonarla. Luego de criticar los diversos y errados usos del concepto de Edad Media o medioevo, el autor alude incidentalmente a la periodización: "Periodizar es una operación cultural orientada a la comprensión de la historia: se reparte la historia en 'períodos' más o menos largos, evocables de manera suficientemente homogénea, en la imposibilidad, para la memoria colectiva de los hombres, de entrar en el magma del pasado aislando en él cada elemento". p. 28.

se nos hace evidente por el hecho de su frecuente repetición, o que acaso participa un poco de las dos circunstancias) lo encontramos incluso hasta el siglo XX y ya desde el XVIII".

Es característico, continúa, que quienes hacían eso, generalmente hombres de gran inteligencia y talento para la historia, "describieron su tarea de encasillamiento como 'elevar a la historia al rango de una ciencia'":

> "El valor de todos y cada uno de estos esquemas de casilleros, si eso significa su valor como medio para descubrir verdades históricas no comprobables por la interpretación de la prueba histórica, era exactamente negativo. Y en verdad ninguno de ellos tuvo jamás ningún valor científico".

Se trata de una de las más fuertes críticas de la periodización, aunque parecería que Collingwood ve la periodización bajo la forma de sistemas teóricos de la historia, como el de Comte o el de Marx.[216] Esta crítica es congruente con la postura filosófica de Collingwood, la de concebir a la Historia como un fenómeno intelectual, a partir de la cual se pone el acento más en la pervivencia de los fenómenos históricos, y por lo tanto congruentes con su contexto actual, que en su calidad de integrantes, cualitativamente diferenciados, de un período del pasado:

> "Debido a que el pasado histórico, a diferencia del pasado natural, es un pasado vivo mantenido en vida por el acto mismo de pensamiento histórico, el cambio histórico de una manera de pensar a otra no supone la muerte

---

[216] Si alguno de esos esquemas "ha sido aceptado jamás por un grupo considerable de personas además de quien lo inventó, no se debe a que las haya impresionado como científicamente convincente, sino porque se ha convertido en la ortodoxia de lo que es de hecho, aunque no necesariamente de nombre, una comunidad religiosa. Esto es lo que alcanzó hasta cierto punto el comtismo, y en un grado mucho mayor el marxismo". Collingwood, Robin George, *Idea de la Historia*, México, F.C.E., Segunda edición, 1965, pp. 255 y 256.

de la primera, sino su supervivencia integrada en un nuevo contexto que supone el desarrollo y la crítica de sus propias ideas".[217]

Otra forma de concebir el uso de la periodización histórica, que no penetra en el problema de su validez, es el de Agnes Heller. En un parágrafo sobre "los principios organizativos de la historiografía", Heller considera a la periodización como uno de ellos. Su tratamiento del asunto es formal: se ocupa del procedimiento de hacer "cortes" en el devenir histórico, de las diversas formas de decidir los cortes, del sentido distinto que pueden tener según los criterios con que el historiador los realice. La periodización es, en sus palabras, un "modelo diacrónico de la historiografía". Y agrega: "Dicho modelo se vuelve orgánico, esto es, adecuado, si se aplica simultáneamente a los 'modelos sincrónicos'", los que organizan el material histórico desde el punto de vista estructural o funcional o desde ambos. Son categorías de la teoría, y, por tanto, varían de acuerdo a ésta.[218] Esta distinción de las visiones diacrónica y sincrónica, que ha pasado casi a ser un lugar común en este asunto, es fuente de confusión.[219] Porque la visión diacrónica no puede existir sin previo reconoci-

---

[217] *Ibid.*, p. 220.

[218] Heller, Ágnes, *Teoría de la Historia*, México, Fontamara, 2ª. ed., 1986 [primera edición en inglés: 1982], pp. 132 y sigts. Las citas en pp. 136 y 137.

[219] "There is in other words a synchronic version of the problem: that of the status of an individual 'period' in which everything becomes so seamlessly interrelated that we confront either a total system or an idealistic 'concept' of a period; and a diachronic one, in which history is seen in some 'linear' way as the succession of such periods, stages, or moments. I believe that this second problem is the prior one, and that individual period formulations always secretly imply or project narratives or 'stories' –narrative representations– of the historical sequence in which such individual periods take their place and from which they derive their significance." Jameson, Frederic, *op. cit.* supra, nota 211, cit. en Besserman, Lawrence, *op. cit.* supra, nota 210, p. 28.

miento de la unidad de un período. Es decir, el concepto de periodización engloba las dos perspectivas, dado que ellas son inseparables.

Paradójicamente, estamos ante un tratamiento de la cuestión que no procede históricamente. Consiste en una forma de distinguir rasgos exteriores de la periodización, pero omitiendo dos fundamentales: que el historiador encuentra ya la periodización instalada en su estudio de la historia, -esto es, instalada por generaciones anteriores de historiadores- y que esa periodización es función de un principio teórico que define lo que serían rasgos esenciales de una época que determinarían su fisonomía.

Como hemos visto más arriba, en buena parte de los autores que se ocupan de las periodizaciones y aceptan su valor o, al menos, su utilidad práctica, existe la conciencia de que ellas implican la idea de una coherencia interna proveniente de uno o varios factores que son los que darían unidad al conjunto de un período. Y éste es el punto crítico que encierra la periodización: o se trata del reconocimiento empírico de esa homogeneidad que, entonces, debe ser investigada para encontrar sus raíces, o bien es una derivación de alguna teoría de la historia que la divide en función de sus conceptos dominantes. Tal como las épocas de Comte o las de Marx.

En el caso de conceptos periodizadores muy amplios, como el de "Edad Media", la mayor parte de la discusión ha versado sobre qué acontecimientos deberían tenerse en cuenta para marcar un comienzo y un final. Pero, asimismo, en otra vertiente, también se ha discutido si ese concepto refleja un real cambio en el curso de la historia –lo que implicaría el supuesto de una homogeneidad distintiva- o si ha sido producto de una ocurrencia arbitraria de los hombres del Renacimiento.

Se pueden entonces distinguir las siguientes formas de concebir la periodización. Una, la de marcar simples cortes cronológicos con el objeto de ubicar temporalmente alguna referencia, tal como ocurre desde hace tiempo con el uso del término "década": la "década de los cuarenta" o, simplemente, "los cuarenta". O con los "siglos": "durante el siglo equis"... Inclusive, cuando escribimos algo como lo siguiente: "fundamentos de la filosofía moderna como el inmanentismo cartesiano", allí "moderno" debe ser entendido no con el sentido de referir a una unidad histórica con homogeneidad de contenido, sino a un corte temporal sólo en la materia de que se está tratando. Esto es, un corte que marca una diferencia entre lo anterior y lo posterior en algo particular, en este caso, la filosofía.

Sin embargo, en casos como el de los términos en uso por autores italianos como "quattrocento" u "ottocento", recordados por Huizinga, cabría advertir que ellos pueden también llevar consigo un supuesto de homogeneidad interna y no simplemente poseer el rasgo de un corte cronológico. El término italiano "quattrocento" no deja de estar cargado de la calidad distintiva proveniente del Renacimiento en las artes y la literatura. Y también puede ocurrir con locuciones como "el siglo XVIII", asociado al concepto de Ilustración.

Pero lo que nos importa en este trabajo es el uso de conceptos periodizadores que implican una distinción de épocas históricas cualitativamente distintas. Una concepción que si bien tiene algunos antecedentes remotos, aparece en su actual sentido con la difusión del historicismo romántico.

> "Períodos históricos, según C. J. Neumann, son 'espacios de tiempo bien individualizados de la vida histórica, que, por su contenido y substancia, se ligan en una unidad, y que, justamente por ello, se destacan de lo que los precede o los sigue.'"[220]

---

[220] Spangenberg, H., *op. cit.* supra, nota 213, p. 195.

Se trata de lo que se refleja en el ya citado texto de Collingwood: el imponer a la historia "un esquema cualitativo, en que los 'períodos' –cada uno de los cuales tiene su carácter peculiar– se siguen unos a otros con arreglo a patrón". O lo que también vimos en Huizinga: "La necesidad de dividir la historia del mundo en una serie de *períodos, cada uno de los cuales envuelve su propia esencia* y se determina por sus propias normas". O lo que escribía Raymond Aron respecto de la división de la historia en épocas esencialmente distintas, cada una con su sello propio.

De tal manera, la periodización histórica, juzgada con razón negativamente por autores como Collingwood y Huizinga, persiste sin embargo pese a las continuas incoherencias a las que conduce. Porque, ¿cómo conciliar, por ejemplo, la noción habitual de la contraposición de Ilustración y Romanticismo con la admiración de Hegel hacia *El sobrino de Rameau* de Diderot? ¿O, la recién comentada concepción de períodos históricos sustancialmente distintos con la persistencia del derecho romano a lo largo de la historia, o con la noción de los derechos del hombre proveniente del derecho natural, su papel en el curso de las revoluciones modernas y su vigencia hasta los días que corren? Y así, podrían sucederse cantidad de ejemplos similares.

Razón tenía Tulio Halperín cuando, respecto de las interpretaciones de la revolución de la independencia del Río de la Plata, escribía que "los hechos históricos no serán ya explicados por una realidad esencial, sea ella natural o metafísica, sino –más modesta pero también más seguramente– por la historia misma".[221] Por otra parte, las cosas empeoran cuando los conceptos periodizadores se utilizan irreflexivamente, sin percibir lo que implican

---

[221] Halperín Donghi, Tulio, *Tradición política española e ideología revolucionaria de Mayo*, Buenos Aires, Eudeba, 1961, p. 11.

en cuanto tales. Como ocurre, por ejemplo, con el actual desmedido uso del concepto de *modernidad*, sobre el cual vale la pena detenerse.

Acerca del uso del concepto de modernidad en la investigación histórica

Como punto de partida, es necesario distinguir el uso del concepto de *modernidad* (y también de *posmodernidad*) como tema de investigación, o de reflexión sociológica o filosófica, de su empleo como categoría de investigación histórica. En el primer caso, se trata del problema de qué es la modernidad, cuáles son sus notas distintivas, cómo se gesta y eclosiona, y asuntos conexos. Si hay aquí un problema histórico, es el del concepto en sí mismo, problema para el que los datos particulares, los de un caso histórico nacional, por ejemplo, no son otra cosa que "evidencias" para la investigación y no pueden utilizarse aisladamente, pues el problema requiere justamente un examen de casos diversos. De manera que si esto implica a la historia, se trata de un uso de la misma como fuente de datos para apoyar el análisis.

En cambio, el uso habitual del concepto de modernidad como propio de una etapa de la historia conforma un problema de distinta naturaleza, pues implica ciertos supuestos que han pasado inadvertidos y que de tornarse explícitos invalidarían ese uso. Esos supuestos son, justamente, que se trataría de un concepto "clasificatorio", lo que a su vez lo supone un concepto definido. Pero si se advierte que no se trata justamente de un concepto relativamente definido, sino, por el contrario, de un concepto de extrema indefinición y objeto de continuo y cronológicamente variado empleo, entonces debe advertirse también su ineficacia para el análisis histórico, para el que no es más que una referencia vaga, que designa lo reciente frente a lo anterior, una referencia inconsistente, pues varía con el sucederse de los períodos o corrientes: el Romanticismo es lo moderno frente a la Ilustración, ésta es lo moderno frente al cartesianismo, éste frente a la escolástica, etc. Además, entonces, de lo inadecuado de su uso en el estudio del pasado, se convierte en una traba para la investigación por su gran vaguedad. Basta considerar la variedad de atribuciones cronológicas al nacimiento de la "modernidad" que se registran en la historiografía para advertir que el concepto ha devenido un comodín, sonoro pero vacío.

Un ejercicio interesante al respecto es recorrer el uso del término en una de los obras de divulgación de mayor difusión, la Enciclopedia Británica. Es en efecto sugestivo comprobar esta heterogeneidad de criterios en los artículos que sobre el concepto de modernidad (*modernity*) se encuentran en ella. Si bien predomina la asociación del concepto de modernidad al de la sociedad industrial, artículos que tratan de campos como los del arte o de la ideología, adoptan otra cronología. Para uno de ellos dedicado a las relaciones entre ideología y religión, la ciudad de Florencia en el siglo XV, en tiempos de Savonarola, testimoniaba en muchos campos el nacimiento de la modernidad.[222] Pero en cambio, otro dedicado a la historia del arte en Occidente, se coloca en el otro extremo de la cronología, pues ubica el comienzo de la modernidad en la segunda mitad del siglo XIX. Afirma que aunque los comienzos de la pintura moderna no están claramente delimitados, se los ubica a mediados del siglo XIX en Francia y explica en forma más general, respecto del concepto de arte moderno, que el mismo:

---

[222] "The city of Florence, which in so many fields witnessed the birth of *modernity*", "The philosophical context", *Encyclopædia Britannica*, CD-ROM, 1994.

"ha venido a denotar los innovadores y aun revolucionarios desarrollos de la pintura y de otras artes visuales de Occidente desde la segunda mitad del siglo XIX. Ella abarca una amplia variedad de movimientos, estilos, teorías y actitudes, cuya modernidad reside en una común tendencia a repudiar convenciones y tradiciones del pasado en cuestiones de temas, modos de representación y técnicas de pintura".[223]

Sin embargo, lo más frecuente en estos artículos es explicar el nacimiento de la modernidad según el patrón sociológico del paso de la "sociedad agraria" a la "industrial". Así, uno de sus artículos define esa acepción sociológica de la modernidad de la siguiente manera: "En sociología, [designa] la transformación de una sociedad tradicional, rural, agraria, a otra secular, urbana e industrial". Otro de ellos, comienza con esta rotunda afirmación: "La sociedad moderna es la sociedad industrial". Añade sin solución de continuidad que "modernizar una sociedad es, ante todo, industrializarla". Y precisa de esta manera este punto de vista:

> "Históricamente, la irrupción de la sociedad moderna ha estado inextricablemente vinculada a la emergencia de la sociedad industrial. Todos los rasgos asociados a la *modernidad* pueden mostrarse como relacionados con el conjunto de cambios que, no hace más de dos siglos, hizo nacer el tipo industrial de sociedad".

Y queriendo destacar que el concepto de sociedad industrial no es meramente económico sino que designa un tipo histórico, añade que el industrialismo constituye

---

[223] "The term modern art has come to denote the innovating and even revolutionary developments in Western painting and the other visual arts since the second half of the 19th century. It embraces a wide variety of movements, styles, theories, and attitudes, the *modernity* of which resides in a common tendency to repudiate past conventions and precedents in subject matter, mode of depiction, and painting technique alike.", "The History of Western Painting: Modern", *Encyclopædia Britannica*, CD-ROM, 1994.

una forma de vida que engloba también profundas transformaciones sociales, políticas y culturales, así como genera brechas entre sociedades que se modernizan y otras que se retrasan y devienen periféricas.[224]

Otro de estos artículos sostiene que a lo largo de toda la historia existieron dos grandes transformaciones de las formas de vida social. La revolución neolítica, que marcó el surgimiento de las sociedades agrarias, y la revolución que subyace en el comienzo de la modernidad, durante los siglos XVII y XVIII, que a continuación identifica con la revolución industrial.[225] En este artículo aparece nítidamente que la periodización implícita en esta perspectiva sociológica de la historia, consiste en la distinción de dos grandes etapas, la de la sociedad agraria y la de la sociedad industrial.

De éste, y de otros artículos,[226] se desprende también que, pese a la toma de distancia de una concepción que apuntase a destacar un nivel dominante –como en términos marxistas sería el de la economía–, hay un criterio que comparte con el marxismo y otras corrientes: *que los conceptos de modernidad, de sociedad moderna, o de sociedad industrial, implican una articulación interdependiente de los distintos niveles de la vida social, de modo tal que cada uno de ellos participa de una condición común, en este caso denominada modernidad*. En el enfoque marxista, la uni-

---

[224] "Historically, the rise of modern society has been inextricably linked with the emergence of industrial society. All the features that are associated with *modernity* can be shown to be related to the set of changes that, no more than two centuries ago, brought into being the industrial type of society.", "Modernization and Industrialization", *Encyclopædia Britannica*, CD-ROM, 1994.

[225] "Modernization and Industrialization: Becoming modern", *Encyclopædia Britannica*, CD-ROM, 1994.

[226] Por ejemplo, "Modernization and Industrialization: The nature of modern society", *Encyclopædia Britannica*, CD-ROM, 1994.

dad del conjunto está producida por la dominancia de la forma de producción de la vida material. En el enfoque subyacente en estos artículos, se trata, en cambio, del efecto de un "principio", cuya naturaleza no es indagada: "la modernización parece ser un principio dinámico inserto en el real fundamento de las sociedades modernas".[227]

La ubicación del origen de la modernidad entre los siglos XVII y XVIII es coherente con la crítica que otro de estos artículos realiza a la tradición historiográfica que la databa en el Renacimiento, dada la persistencia en esa época de los viejos patrones de vida comunitaria y de pautas sociales y morales "tradicionales". "Salvo para algunos individuos excepcionales y unos pocos grupos marginales, los patrones de conducta continuaban surgiendo de tradicionales códigos sociales y morales. La identidad derivaba de la clase, la familia, la ocupación y la comunidad."[228]

A diferencia de esta nítida adscripción del concepto de modernidad a un preciso momento de la historia, la visión que surge de otro artículo, dedicado a los sistemas políticos, es más cautelosa.[229] La definición de lo que es moderno o qué constituye un sistema avanzado o desarrollado, se lee en él, ha preocupado a muchos autores recientes. El problema es que no sólo existen muchos factores a tener en cuenta sino que ellos pueden combinarse de diversas maneras. Destaca que entre las posiciones adoptadas ante

---

[227] "modernization [...] seems to be a dynamic principle built into the very fabric of modern societies", "Modernization and Industrialization", *op. cit.* supra, nota 223.

[228] "For all but exceptional individuals and a few marginal groups, the standards of behaviour continued to arise from traditional social and moral codes. Identity derived from class, family, occupation, and community", "European History and Culture: The Renaissance", *Encyclopædia Britannica*, CD-ROM, 1994.

[229] "Political Systems: Typologies of government: Governments classified by stage of development", *Encyclopædia Britannica*, CD-ROM, 1994.

el problema muchos autores tienden a distinguir entre sociedades "tradicionales", "transicionales" y "modernas", en un esfuerzo por identificar diferencias y regularidades en el desarrollo histórico. De este modo:

> "La modernidad es vista como la época de una gran movilidad social, igualdad, educación universal, comunicaciones masivas, creciente secularismo e integración sociocultural. En su sistema económico, la sociedad moderna experimenta una ulterior revolución tecnológica, urbanización masiva y el desarrollo de una economía totalmente diversificada. Sus instituciones políticas son las de la democracia y totalitarismo modificado y, eventualmente, una burocracia especializada es utilizada para encargarse de las acrecentadas funciones gubernamentales".[230]

Pero concluye que los esfuerzos por distinguir "etapas" de modernización son pobres sustitutos de una teoría general del cambio político, aunque, agrega, sirven para subrayar la creciente complejidad de todas las estructuras (sociales, económicas y políticas) del Estado moderno.

Periodización y clasificación

Uno de los motivos de esa persistencia de los casilleros periodizadores, pese a su notoria inconsistencia, proviene del prestigio que las ciencias naturales ejercían sobre las demás a fines del siglo XIX, por intermedio de

---

[230] "Modernity is seen as the age of high social mobility, equality, universal education, mass communications, increasing secularism, and sociocultural integration; in its economic system, the modern society experiences a further technological revolution, massive urbanization, and the development of a fully diversified economy; its political institutions are those of democracy and modified totalitarianism, and, in either case, a specialized bureaucracy is used to carry on the expanding functions of government."

uno de los procedimientos característicos de la labor científica en aquellas ciencias, la *clasificación*. Este nexo entre periodización y clasificación es muy visible en la obra de los pioneros de la historia de las religiones, quienes cuentan entre los que más desarrollaron los puntos de vista que estaban anticipados en algunas figuras del siglo XVIII respecto de la división de la historia en períodos. Ellos conectaron la periodización al procedimiento de la clasificación, utilizado ya en el campo de la lingüística comparada, cuyo papel definitorio de la cientificidad de una disciplina lo encarecía Max Müller, uno de los mayores especialistas en historia de las religiones:

> "Una verdadera ciencia reposa en la clasificación y solamente en el caso en que no podamos clasificar los diversos dialectos de fe, deberemos confesar que una ciencia de la religión es realmente una imposibilidad".[231]

Si bien se mira, encontraremos que la periodización, más allá de que sea, o pretenda ser, una forma de interpretación global de la historia, implica la clasificación, esto es, el suponer que los hechos históricos pueden agruparse en conjuntos diferentes, unidos por compartir rasgos similares.

Aquí debemos recordar lo que observábamos en la nota 1 de este capítulo, que en la actual Sistemática, *clasificación* designa la elaboración de taxones, mientras lo

---

[231] "All real science rests on classification and only in case we cannot succeed in classifying the various dialects of faith, shall we have to confess that a science of religion is really an impossibility." Muller, F. Max, *Lectures on the Science of Religion*, Kessinger Publishing, Whitefish, MT, 2003, p. 41. Es interesante registrar aquí la observación no de un científico sino de un narrador, Marcel Schwob, quien, por lo contrario, declaraba que en el campo del arte el objeto es lo no clasificable: "El arte está en las antípodas de las ideas generales, sólo describe lo individual, sólo desea lo único. No clasifica, desclasifica", Schwob, Marcel, *El terror y la piedad*, Buenos Aires, Libros del Zorzal, 2006, p. 11.

que habitualmente llamamos clasificación, la decisión sobre el lugar de un caso individual en esos taxones, recibe el nombre de *determinación*. Porque el problema fundamental que entraña lo que llamamos *clasificación* es justamente la construcción de los "casilleros" o *taxones*, es decir, de *clases* de hechos históricos, taxones que se demuestran tan problemáticos como los referidos casos del de "modernidad" o del de "medieval". De tal manera, debemos advertir que si criticamos el procedimiento habitual, el que busca identificar los acontecimientos y/o estructuras según su pertenencia o no a una de las etapas históricas conocidas (feudalismo/capitalismo, o medieval/moderno, por ejemplo) etapas asumidas comúnmente sin reflexión crítica, lo hacemos por practicar sin advertirlo un procedimiento taxonómico.

Por otra parte, es de notar que la mayoría de las periodizaciones habituales provienen de la historia cultural. En este sentido, la distorsión que entraña la periodización histórica puede entenderse que proviene del hecho de haber segregado la historia de las ideas o de la cultura, del conjunto de la Historia. Una segregación que, en realidad, no era recortar una parte sino una interpretación del todo: una interpretación de la Historia como Historia de la Cultura.

Por lo tanto, la cuestión consiste en abandonar los supuestos que hacen posible tal tendencia: es decir, los de una periodización propia de una historia intelectual autónoma que divide el continuo de esa historia en segmentos diferenciados –diferenciados a partir de un rasgo dado, o de un conjunto de rasgos, que le otorgan carácter distintivo–, de manera que el hallazgo de uno de esos rasgos es computado como indicador de la vigencia del período dado, o como "anticipación" de su próxima vigencia. Y reemplazarlos por otro criterio: que el efecto histórico de una idea, una teoría, una doctrina, no la de su presunta *naturaleza* sino la coyuntura en que se encuentra. O, dicho de otra manera más expresiva, que la particularidad de un fenómeno histórico no proviene de esa esencia determinante sino de su interrelación con otros fenómenos contemporáneos, interrelación que da fisonomía a ese momento de la historia. Esto es, que una misma idea, por ejemplo, que comprobamos existente en el siglo XIII y luego también en el XVIII, no es "tradicional" o "moderna" en sí, sino que es función de las circunstancias históricas en que se encuentra. Tal es, por ejemplo, el caso de las libertades inglesas, surgidas en contexto estamental medieval y aplicadas con eficacia en contexto revolucionario moderno. O el contractualismo, unas veces medieval y otras moderno, así como dentro del contractualismo, la noción de *translatio imperii*, considerada ya favorable al absolutismo, ya al populismo neoescolástico, o al democratismo del XVIII. Asimismo, la postura de Marsilio de Padua y de los canonistas medievales que sostenían que el poder debe provenir del consentimiento de aquellos sobre quienes se ejerce y no de un mandato divino ni de la usurpación, y que ese consenso debe expresarse mediante el procedimiento electoral, principios que se prolongarán hasta las democracias contemporáneas.[232]

---

[232] Véase al respecto Tierney, Brian, "Hierarchy, Consent, and the 'Western Tradition'", *Political Theory*, n° 15, 1987, pp. 648 y sigts. Asimismo: "In the past forty years, a number of scholars, Stephan Kuttner, Walter Ullmann, Brian Tierney, and their students in particular, have emphasized the importance of medieval thought, especially that of the medieval canonists, in the development of modern political and legal thought. [...]especially Brian Tierney, have argued that theories of representative government of sovereignty, of human rights, to name just a few concepts that are routinely associated with modern political thought, were clearly rooted in medieval thought, especially the thought of medieval canonists. Muldoon, James, "Medieval Canon Law and the Conquest of the Americas", *Jahrbuch Für Geschichte Lateinamerikas*, Band 37, 2000, pp. 13 y 15.

Es decir, insistamos, que no existe una relación necesaria y privativa entre una idea, doctrina, corriente artística o literaria, y un momento histórico.[233] Las mismas ideas pueden ser funcionales en distintos momentos con las adaptaciones y modificaciones que cada caso requiera. De manera tal que en lugar de buscar interpretar el desarrollo histórico a partir de rotular sus fenómenos según períodos, el historiador tiene una alternativa que, aunque menos fácil, es más veraz: combinar el estudio de un fenómeno dado, de sus orígenes y vicisitudes, con el de la circunstancia histórica en la que ha jugado un papel destacado.

En los capítulos que siguen intentaremos examinar las dificultades que entrañan los esfuerzos periodizadores con dos ejemplos significativos. Uno de ellos, es el de la persistencia del derecho natural a lo largo del amplio arco temporal señalado por Meinecke. El otro, es el de las dificultades de aplicar el concepto de Ilustración a la cultura hispana e hispanocolonial del siglo XVIII.

---

[233] Notar estas agudas observaciones: "each particular theory was shaped partly as a response to a specific set of contingent circumstances. So a history of natural rights theories has to be concerned as much with contexts as with texts. [...] The point is rather that, once the idea that all persons possess rights had grown into existence, it displayed a remarkable vitality and adaptability and proved relevant to a variety of emerging problems". Tierney, Brian, *op. cit.* supra, nota 77, pp. 344 y 345.

V.
MEDIEVAL O MODERNO:
EL INDIVIDUALISMO DEL CONCEPTO IUSNATURALISTA
DE LAS CORPORACIONES COMO PAUTA DE PERIODIZACIÓN

Recordemos que con el propósito de distinguir lo que sería lo específicamente moderno en el derecho natural, se ha señalado su tendencia a acentuar el aspecto subjetivo, el de los derechos innatos del individuo, en detrimento del aspecto objetivo, el del derecho natural como conjunto de normas. El derecho natural moderno -escribía Passerin d'Entrèves- se caracteriza por tres rasgos: racionalismo (a partir de Grocio), individualismo (al aplicarse la noción de contrato a la explicación del origen de la sociedad, por voluntad de los individuos que se comprometen a ciertas obligaciones) y radicalismo, por su énfasis en los derechos individuales, dado que en la expresión derecho natural, *ius* tiene el significado de derechos *-rigths-* individuales. De manera que la teoría moderna del derecho natural, afirma, es una teoría relativa a derechos, no al derecho.[234]

De tal manera, el derecho natural habría animado las tendencias políticas individualistas y liberales que abogaban por el respeto a los derechos del hombre. Los conceptos de los derechos innatos, del estado natural y del contrato social, pese a las diversas maneras en que

---

[234] "The modern theory of natural law was not, properly speaking, a theory of law at all. It was a theory of rights." Passerin d'Entrèves, Alessandro, *Natural Law, An Introduction to Legal Philosophy*, London, Hutchinson's Universitary Library, 1951, segunda edición revisada, 1970, p. 61.

se los haya podido concebir, serían característicos del Iusnaturalismo "y se encuentran en todas las doctrinas del derecho natural de los siglos XVII y XVIII".[235]

Otto von Gierke y la teoría de las corporaciones

Un notable intento para establecer una pauta periodizadora, ha sido el del historiador del derecho medieval Otto von Gierke con su criterio de clasificación de las doctrinas del derecho natural en medievales y modernas. El análisis de las teorías de las corporaciones realizado por Gierke, su estudio de sus formas organicistas e individualistas –avalado por el vasto caudal de información que exhibe en su obra–, merece una consideración más detenida como uno de los más detallados intentos de aplicar esas pautas de periodización.[236]

La doctrina social iusnaturalista, escribe en su texto sobre Altusio, poseía un carácter individualista y mecanicista y recurría al concepto de contrato social como vinculatorio de simples individuos en lo interno de una asociación, mientras que hacia lo exterior, elevaba la suma de individuos a unidad colectiva mediante el concepto de *persona moral*. Por consiguiente, era hostil al concepto orgánico de la personalidad colectiva que sobrevive al sucederse de las generaciones y también al de comunidad, que fusiona lo individual en una unidad de vida supe-

---

[235] Fassò, Guido, "Jusnaturalismo", en Bobbio, Norberto, Matteuci, Nicola (dirs.), *Diccionario de Política, A-J*, México, Siglo Veintiuno, 1985, p. 869.

[236] Gierke, Otto von, *Natural Law and the Theory of Society, 1500 to 1800, With a Lecture on The Ideas of Natural Law and Humanity in Ernst Troeltsch*, Translated with an Introduction by Ernest Barker, Boston, Beacon Press, 1957, 18: "The Natural Law Theory of Corporations". Hemos utilizado también otros textos de Gierke que, además de mencionarse en las notas al pie, detallamos en un breve apéndice bibliográfico a este capítulo.

rior.²³⁷ Razón por la que Guillermo de Humboldt, llevando más allá este criterio, propugnaba que las corporaciones fueran sustituidas por la libre asociación de individuos, libremente constituida mediante contrato y pasible también de ser libremente disuelta por sus componentes.²³⁸

Al estudiar las modalidades que fueron adquiriendo las concepciones sobre la sociedad y el poder, Gierke parte de lo que denomina "teoría de las corporaciones", desde el medioevo en adelante. En contraposición a lo característico del medioevo, en un detallado análisis de las nociones iusnaturalistas de las corporaciones a partir del siglo XVI, subraya como rasgo central de las mismas su sustancia individualista y mecanicista. Gierke se refiere a que estas corporaciones conciben a sus integrantes como componentes individuales indiferenciados. Se trata de un criterio opuesto a la concepción organicista de las corporaciones propia de gran parte de la Edad Media.²³⁹

---

[237] "La dottrina sociale giusnaturalistica –escribe en su obra sobre Altusio-, come la dottrina che ne derivava, presentava un carattere individualistico e meccanicistico. Cancellando ogni preciso confine fra 'societas' e 'universitas', essa doveva ricorrere, per i rapporti interni, al concetto del contratto sociale vincolante gli individui singolarmente, e, per i rapporti esterni, al concetto della persona morale erigente a unità collettiva la somma degli individui. Perciò nella sua intima essenza e nei suoi fini ultimi essa era estranea e addirittura ostile al motivo storico e organico della vita corporativa, al concetto della personalità collettiva sopravvivente all'avvicendarsi delle generazioni di individui, e avversa anche al concetto della communita che fonde i singoli in una superiore unità di vita." Gierke, Otto von, *Giovanni Althusius e lo sviluppo storico delle teorie politiche giusnaturalistiche, Contributo alla storia della sistematica del diritto*, A cura di Antonio Giolitti, Torino Giulio Einaudi, 1974, [Primera edición alemana, Breslavia, 1880; Primera edición italiana, basada en la 3ª. alemana de 1913, Torino, Einaudi, 1943], p. 198.

[238] *Ibid.*, p. 199.

[239] Gierke, Otto von, *Teorías políticas de la Edad Media* (Edición de F. W. Maitland), Madrid, Centro de Estudios Constitucionales, 1995, p. 204.

Pero dentro de lo que Gierke considera derecho moderno –iusnaturalista– de las corporaciones, distingue dos grandes desarrollos según las posturas adoptada ante el dilema de a quién atribuir el principal carácter soberano, si al pueblo o al gobernante. Una postura que pone el énfasis en el poder del gobernante y otra que concibe al príncipe como sometido al poder del pueblo mediante el empleo del principio del consentimiento.

En las primeras páginas del libro dedicado a Altusio, Gierke le confiere a éste la calidad de haber sido el primer expositor de la doctrina de la soberanía popular, así como Bodino lo fue de la concepción favorable al absolutismo.[240] Altusio, escribe Gierke, sostuvo la absoluta inalienabilidad del derecho soberano del pueblo y la esencia del contrato social como su fundamento, de una manera sorprendentemente semejante a Rousseau, al punto que hacia la mitad del siglo XVII fue atacado por considerárselo el peor de todos los *monarcómacos*.[241] Pero en la medida en que los partidarios de la soberanía del pueblo ahondaban en su postura, sobre todo en la segunda mitad del siglo XVIII, tendían a limitar el concepto de soberanía. En esto, la máxima eficacia la tuvo la doctrina constitucionalista, que surgió lentamente en Inglaterra por obra de elementos moderadores de la doctrina de la soberanía popular, teoría a la que Montesquieu dio una formulación que habría de devenir un canon por mucho tiempo.[242]

---

[240] En oposición a la tendencia absolutista de Bodino y sus seguidores, escribe: "l'opposta dottrina della sovranità popolare raggiunse la sua costruzione sistematica e la sua piú significativa trattazione scientifica per opera de un giurista tedesco. Questo tedesco fu Giovanni Althusius." Otto von Gierke, *Giovanni Althusius...*, op. cit., pp. 6 y 20.

[241] *Ibid.*, pp. 21 y 22.

[242] Esto es "la dottrina della forma mista da una parte, e dall'altra l'idea di una divisione fondamentale dei diversi poteri, da cui si faceva derivare la solidità dello Stato", *Ibid.*, p. 147.

Recordemos que Altusio había elaborado una complicada clasificación de las asociaciones que prolongaba un criterio, de frecuente presencia en los textos políticos de la Edad Media, tendiente a lograr un esquema definitivo de la articulación de las organizaciones sociales que, entre el individuo y el Imperio, agrupaban a los seres humanos en una disposición concéntrica.[243] Más allá de las diferencias que se encuentran entre los diversos autores medievales, Otto Gierke observaba que eran cinco los "grupos orgánicos" que en el pensamiento político medieval estaban situados por encima del individuo y de la familia: la comunidad local, la ciudad, la provincia, el pueblo o *Regnum* y el Imperio. Se trataba de una "construcción federativa del todo social" a la cual se fue oponiendo lentamente, primero en el terreno eclesiástico y luego en el estatal, la tendencia centralizadora que habría de imponerse en la teoría política moderna.[244] La clasificación de Altusio, que difiere parcialmente de la recién apuntada, podría resumirse en cinco grandes clases de asociaciones: la familia, la corporación voluntaria (*collegium*), la comunidad local, la provincia y el Estado.

En el conjunto de asociaciones delineado por Altusio, éste distingue dos comunidades privadas, la familia, fundamento natural de la sociabilidad, y el *colegio* o *compañía*, una especie de asociación voluntaria tal como la corporación de oficio. De tal manera, los individuos participan en una comunidad mayor como integrantes de una comunidad primaria que, como la comuna o la ciudad, resulta un

---

[243] Sabine, George H., *Historia de la teoría política*, México, FCE, tercera edición, 1994, Cap. XXII, "La modernización de la teoría iusnaturalista", p. 325.

[244] Gierke, Otto von, *Teorías políticas de la Edad Media (Edición de F. W. Maitland)*, Madrid, Centro de Estudios Constitucionales, 1995, pp. 116 y 117. Véanse diversas variantes de este tipo de clasificación en la nota 64 de la página 116.

agregado de grupos y no de ciudadanos. Lo mismo ocurre en el siguiente escalón, la provincia, integrado por los órdenes o *colegios generales* (clero, nobles, burgueses, campesinos), en cuya cúspide el príncipe ocupa un lugar equivalente al del alcalde de una ciudad. Por último, el Estado es concebido por Altusio como una federación de regiones y ciudades autónomas.[245] Mientras la obra de Bodino refleja el contexto de un reino que unido en torno a una dinastía vive un proceso de concentración del poder, la de Altusio corresponde a la peculiar geografía política de tierras germanas, en donde predominan las autonomías locales y provinciales y en donde las repúblicas urbanas defienden esa autonomía frente al avance del Estado.[246]

Se ha señalado que toda la estructura del Estado concebido por Altusio es "federal". Pero su esquema implicaba una contradicción, pues mientras defendía el autonomismo, en especial el de las grandes ciudades, al mismo tiempo buscaba preservar la unidad del Estado, resultando su federalismo una especie de conciliación entre poderes superpuestos, tal como se observaría en los cantones suizos o en las Provincias Unidas liberadas del dominio español.[247] Por otra parte, una tal concepción del estado en que ciudades y provincias se obligan por medio de una ley común era más propicia al control del poder, pero resultaba poco adaptada a las condiciones de Francia e Inglaterra, donde se habría de elaborar lo principal de la teoría política de los siglos XVI y XVII, razón por la cual la historia de la teoría política moderna pareció olvidarse de Altusio.[248]

---

[245] Touchard, Jean, *Historia de las ideas políticas*, Madrid, Tecnos, quinta edición, 1983, p. 233.
[246] *Ibid.*, p. 232.
[247] *Ibid.*, p. 235.
[248] Sabine, George H., *op. cit.* supra, nota 241, pp. 326 y 327.

Partiendo de un análisis de su concepción del origen del poder, el libro de Gierke sobre Altusio se concentra en lo que parece ser la principal preocupación del autor, la naturaleza jurídico-política de cada uno de esos participantes del universo social: las corporaciones, el pueblo, el gobernante, el Estado. Al examinar la naturaleza de la *personalidad* jurídica de las corporaciones, subraya Gierke que el carácter individualista de la concepción de la soberanía popular propia del iusnaturalismo no ve en ellas sino una suma de individuos. Agrega que incluso el concepto de Pufendorf de *persona moral* adjudicado a las asociaciones las concibe también como un agregado de individuos, a cuyo conjunto se atribuye una personalidad jurídica.[249] Es decir que, en lugar de una realidad moral portadora de una naturaleza trascendente, como prevalecía en la Edad Media, se concibe una personalidad jurídica como emanación de los derechos de sus componentes.[250]

La concepción medieval, tanto de la humanidad en su conjunto como de la Iglesia, del Imperio y de toda asociación menor –reinos, ciudades...– era una concepción orgánica. Ella no veía a las asociaciones como conjunto de individuos y por lo tanto, su personalidad no era considerada ficción jurídica. El carácter organicista de las sociedades era entendido literalmente, al punto de asignarse a cada función social una correspondiente parte del organismo humano: la cabeza era el Papa, el Emperador o la máxima autoridad de cualquier asociación, y así seguían comparaciones anatómicas para el resto del organismo social. Incluso esto se llevó a un extremo de precisión descriptiva que Gierke considera superficial y carente de gusto. Juan de Salisbury realizó el primer intento de precisar

---

[249] Gierke, Otto von, *Giovanni Althusius...*, *op. cit.* supra, nota 235, Capítulo III, "La dottrina della sovranità popolare", parágrafo 2.
[250] *Ibid.*, p. 198.

la correspondencia de cada parte del organismo humano con el social y Nicolás de Cusa "movilizó todo el saber médico de su tiempo" llevando esto al extremo:

> "En la *vita corporalis*, los oficios, del Emperador para abajo, forman los distintos miembros, las *leges* los nervios y las *leges* imperiales el cerebro, por lo que, a través de éste, también la cabeza –el Emperador– queda unida. El esqueleto es la *patria*, elemento permanente: la carne la forman los cambiantes y perecederos *homines*. La salud del cuerpo del Estado radica en la armonía de los cuatro temperamentos. Las enfermedades del cuerpo político deben ser sanadas por el Emperador siguiendo los consejos de los libros y de los médicos del Estado más experimentados; por sí mismo ha de probar la medicina con el gusto, olfato y vista para comprobar si es adecuada al tiempo y lugar, y luego ofrecerla a los dientes, esto es, al Consejo privado; al estómago, esto es, al *maius consilium*, y al hígado, esto es, al *consistorium iudicum*, para su digestión; si los medios curativos no tienen éxito, el Emperador en último término ha de proceder a la *abscissio membri*, aunque siempre *cum dolore compassionis*".[251]

Del concepto de organismo social se deducían otros. En primer lugar, respecto de la posición ocupada por el individuo en los cuerpos eclesiásticos y políticos, el concepto de *miembro*:

> "...se señala con ello, por un lado, que el miembro no es sino parte del todo, que el todo es independiente de las alteraciones de sus partes, que en caso de colisión el bien del particular debe ser sacrificado en aras del bien del cuerpo entero; pero al mismo tiempo se pone de relieve, por otro lado, que el todo sólo vive y se hace visible en los miembros, que cada miembro es valioso para el todo y que incluso una amputación justificada de un miembro, por muy

---

[251] Gierke, Otto von, *Teorías políticas...*, *op. cit.* supra, nota 242, p. 123, nota 79.

insignificante que éste sea, es siempre una operación deplorable y dolorosa también para el todo".[252]

Otro rasgo importante de esa visión organicista es el de implicar la no igualdad de sus miembros:

"En segundo lugar, del concepto de organismo, cuya esencia implica la asociación de lo igual y lo dispar, se deduce la necesidad de diferencias sociales, profesionales y de estado, de suerte que los individuos no son concebidos como elementos del cuerpo eclesiástico y del cuerpo político aritméticamente iguales, sino diferenciados y agrupados socialmente".

Y, asimismo:

"Más aun: de la imagen del cuerpo humano se obtiene la idea de articulación mediata, gracias a la cual se superponen múltiples grupos menores escalonados entre la unidad suprema y los individuos concretos".[253]

Pero como ocurrió en la Antigüedad, "tampoco en la Edad Media la idea orgánica llega a acuñar el concepto jurídico de personalidad del todo unitario. La teoría política no encontró el instrumento que le hubiera permitido construir jurídicamente al Estado como un todo orgánico, siendo así arrastrada a la construcción mecanicista del mismo sobre una base iusnaturalista".[254]

Según Gierke, para la teoría medieval quedaba así cerrado el camino hacia la "idea de soberanía del Estado". Y en cambio, alega:

"ya estaban implantados en dicha teoría los gérmenes de los posteriores sistemas iusnaturalistas de soberanía del gobernante, soberanía popular y soberanía compartida, que intentaban construir la subjetividad jurídica del Esta-

---

[252] *Ibid.*, p. 127.
[253] *Ibid.*, p. 128.
[254] *Ibid.*, pp. 206 y 204.

do, a veces de forma centralista, otra veces atomística, pero en todo caso puramente mecanicista".[255]

Posteriormente, al tratar de las concepciones desarrolladas desde el siglo XVI en adelante, señala que se comprueba, o un estado de indefinición entre la antigua concepción organicista de la personalidad de las corporaciones y la que ve en ellas no más que una suma de individuos, o una decidida opción por la postura individualista. Así, observa que la teoría absolutista de las corporaciones, al combatir contra la personalidad pública de ellas, tendió a reducirla también a una suma de individuos. Y aun el mismo Suárez, si bien distingue los derechos de una mera comunidad de los correspondientes a una corporación, permanece en un estado de vacilación.[256]

Pese a su impresionante erudición, el esfuerzo periodizador de Gierke no es logrado. Del mismo caudal de información que utiliza surgen evidencias de posturas medievales que pueden considerarse también individualistas, impresión que coincide con los argumentos de Brian Tierney que hemos citado en el capítulo anterior. Con el propósito de demostrar las raíces medievales de la idea de los derechos naturales, Tierney escribe que los promotores de las secularizadas teorías de los derechos frecuentemente olvidaron los orígenes remotos de las mismas y que la naturaleza de los derechos del hombre se hace completamente inteligible cuando ellos son vistos como la culminación de un largo proceso de evolución histórica.[257]

---

[255] *Ibid.*, pp. 209 y 210.
[256] Gierke, Otto von, *Natural Law and the Theory of Society...,op. cit.* supra, nota 234, pp. 68 y 69.
[257] Tierney, Brian, *op. cit.* supra, nota 77, p. 344.

De manera similar, y a diferencia de la perspectiva de Gierke, Otto Hintze, al sostener que el régimen representativo moderno no es innovación radical sino continuidad de un proceso que viene de la Edad Media, nos mueve a inferir que los rasgos presuntamente modernos no son tales, en la medida que se los encuentra ya en tiempos medievales. De uno de sus trabajos, en los que abundan las referencias a las continuidades de los procesos históricos, podemos citar su párrafo inicial:

> "La costituzione rappresentativa, che oggi da la sua impronta particolare alla vita politica dell'intero mondo civile, si rifà, nella sua origine storica, alla costituzione per ceti del medioevo, la quale a sua volta si radica –anche se non dovunque né in modo esclusivo, pero nei territori più importanti e in misura non piccola– nelle condizioni politiche e sociali del sistema feudale. La costituzione medievale per ceti e la moderna costituzione rappresentativa mostrano certamente, in alcuni elementi, un contrasto di principio, tuttavia esse appartengono ad una linea di sviluppo storico unitaria, e i dubbi che in proposito sono stati recentemente sollevati –in modo caratteristico particolarmente dal punto di vista delle costituzioni territoriali per ceti tedesche– devono venir meno, se si guarda allo sviluppo costituzionale d'Inghilterra, ad esempio, dove è difficile definire i confini che segnano la trasformazione della costituzione per ceti in quella rappresentativa. Nella Rivoluzione francese è possibile cogliere con la più evidente chiarezza la continuità storica e insieme il contrasto di principio fra costituzione per ceti e costituzione rappresentativa moderna, nei momento in cui il Terzo stato fa saltare l'antica forma costituzionale per ceti, ancora in vita, e si costituisce come rappresentanza popolare moderna, come 'assemblea nazionale'".[258]

Esto, sin embargo, no es congruente con la tentativa de Hintze de definir el Estado "moderno", lo que implica

---

[258] Hintze, Otto, "Condizioni storiche generali della costituzione rappresentativa", en *Stato e Società*, Bologna, Zanichelli, 1980, p. 102.

no continuidad sino cesura, esto es, periodización. La solución que le permite a Hintze eludir la incongruencia es optar por considerar al Estado moderno no como una realidad sino como un tipo ideal. La expresión *Estado moderno*, escribe, no es más que "una rappresentazione immaginifica", una abstracción del género de lo que se suele llamar "tipo ideal". El mismo concepto de *Estado*, usado en expresiones como Estado moderno, Estado medieval, o antiguo, u oriental, no es siquiera un puro concepto lógico, sino sólo una abstracción plástica, consiguientemente menos rica en contenido.

> "Non si è ancora giunti finora a definire lo Stato in modo soddisfacente e no s'è neppure trovata una risposta unanime alla stessa questione se quel termine corrisponda a qualcosa di reale o solo a qualcosa di pensato. Io sono d'avviso che dietro l'espressione 'Stato' stia qualcosa di reale, intendendo con ciò –in modo corrispondente al significato originario del termine: *status reipublicae*– quello stato o quella costituzione di una comunità, per cui quest'ultima è in grado di produrre una volontà comune e un'azione comune, quindi anche prestazioni comuni di forza. 'Stato' (*Zunstand*) e 'costituzione' vanno qui intesi non in modo puramente statico, bensì allo stesso tempo anche dinamico, nel senso dell'"attualità': esse hanno la loro realtà solo nella continua ripetizione degli atti che producono l'unificazione di volontà."[259]

En los análisis de Hintze se observa una concepción de los procesos históricos en la que el énfasis en las continuidades convive con el uso de expresiones periodizadoras tales como "estado moderno", "constitución representativa moderna", "constitución medieval" y similares, que no dejan otra alternativa, para resolver esta aparente contradicción, que interpretarlas como meros indicadores cronológicos.

---

[259] *Ibid.*, pp. 138 y 139.

VI.
LA "ILUSTRACIÓN" EN IBEROAMÉRICA:
PROBLEMAS DE INTERPRETACIÓN[260]

Hace algunos años, en un capítulo de la Historia de América Latina editada por la Unesco, expuse una visión de conjunto del tema de la Ilustración en Iberoamérica, a la que remito al lector para las cuestiones no tratadas en este capítulo.[261] En él nos limitaremos a examinar lo concerniente al problema de la periodización histórica, en particular respecto a la pertinencia de conceptos como *Ilustración española* o *iberoamericana*, *Ilustración católica*, y aun la pertinencia misma del concepto de *Ilustración*.

En 1954, al publicar *La España Ilustrada de la segunda mitad del siglo XVIII*, Jean Sarrailh hacía traslucir la proyección política que poseía el tema. Desde las alusiones a la guerra civil española y a la segunda guerra mundial, hechas en la Advertencia de ese libro, hasta la

---

[260] Este capítulo es una versión corregida de la conferencia inaugural pronunciada en el Simposio International "Religión y clero en la época de las revoluciones atlánticas: America Latina (1767-1840)", Lehrstuhl für Geschichte Lateinamerikas und Südwesteuropas der Universität Erfurt y Forschungszentrum Gotha für kultur- und soziawissenschaftliche Studien der Universität Erfurt; Gotha, Alemania, 4 a 6 de diciembre de 2008.

[261] Chiaramonte, José Carlos, "El pensamiento político y la reformulación de los modelos", Capítulo 21 de: UNESCO, *Historia General de América Latina*. Volumen IV: *Procesos americanos hacia la redefinición colonial*, París, Trotta, 2000. Véase asimismo Chiaramonte, José Carlos, *La Ilustración en el Río de la Plata, Cultura eclesiástica y cultura laica durante el Virreinato*, Buenos Aires, Punto Sur, 1989; segunda edición, Buenos Aires, Sudamericana, 2007.

expresión de su esperanza de que habría de llegar un día en que se escuchase el mensaje de los españoles del siglo XVIII, de manera que en la España de su tiempo –mediados del siglo XX– reinaran la libertad de juicio y la tolerancia, se percibe el eco contemporáneo de su indagación de las particularidades hispanas del siglo de las luces.[262]

Medio siglo después, en el 2004, el historiador norteamericano Louis Dupré, en su libro dedicado a la Ilustración y los cimientos intelectuales de la cultura moderna, comenzaba el prefacio de la obra aludiendo al 11 de setiembre de 2001 y preguntándose sobre la validez del estudio del siglo XVIII para el escenario abierto por ese acontecimiento.[263]

Podrían seguir muchos otros ejemplos del interés por el legado del siglo de las luces. Unos, que enaltecen total o parcialmente el aporte del siglo XVIII al mundo posterior, otros que lo repudian por considerarlo responsable de muchos de los extravíos del mundo contemporáneo, tal como lo traduce, en el ámbito de la ficción, la acerba diatriba de un personaje del *Viaje al fin de la noche* de Celine.[264]

Hago estos comentarios sobre lo que se suele llamar el legado del siglo XVIII, para aclarar que, sin ignorar ni mucho menos desestimar, ese interés por la evaluación

---

[262] Sarrailh, Jean, *La España ilustrada de la segunda mitad del siglo XVIII*, México, F.C.E., 1957, pp. 9 y 711.

[263] Dupré, Louis, *The Enlightenment and the Intellectual Foundations of Modern Culture*, New Haven & London, Yale University Press, 2004, p. ix.

[264] Celine, Louis-Ferdinand, *Viaje al fin de la noche*, Buenos Aires, Edhasa, 2004, pp. 84 y sigts. Se trata de una larga diatriba de uno de los personajes, Pritchard, contra los "filósofos", de los cuales nombra a Diderot y Voltaire. Sobre la disparidad de interpretaciones respecto del siglo de las luces, véase Israel, Jonathan, *Enlightenment Contested, Philosophy, Modernity, and the Emancipation of Man. 1650-1752*, Oxford, Oxford University Press, 2006.

del aporte del siglo de las luces a la historia posterior, lo que voy a intentar resumir son simplemente algunos problemas de la interpretación histórica del tema, con prescindencia de los juicios de valor sobre el mismo, por un lado, y de las evaluaciones sobre su incidencia actual, por otro, cuestiones de suma importancia pero que conviene tratar por separado.

Al mencionar, como hice al comienzo, el libro de Sarrailh, viene a la memoria el viejo esquema que informaba nuestras primeras aproximaciones al tema. Un concepto de Ilustración simple, que lo entendía como un conjunto de rasgos definidos y compartidos por todos los considerados exponentes de las "luces del siglo". Sin embargo, los cambios de perspectivas provenientes de los avances de los últimos cincuenta años en la investigación han sido muchos y han modificado sustancialmente la visión de aquella época. Permítanme seleccionar tres de ellos, a los que atribuyo especial significación.

En primer lugar, un reconocimiento de la desigualdad de logros, que nos ofrece así el panorama de una Ilustración rica en aportes intelectuales, especialmente provenientes del espíritu crítico que la distingue, pero pobre en artes (excepto música y arquitectura). Si florecieron grandes escritores, esto refiere a la prosa, no a la poesía. "Una época sin poesía", titulaba ya Paul Hazard, en 1935, uno de los capítulos de *La crisis de la conciencia europea*. Si Voltaire, como subrayaba Borges, es uno de los grandes exponentes de la prosa francesa, los poetas del XVIII merecen sólo un piadoso lugar en algunas historias de la literatura. "Poetas no lo eran", reiteraba Paul Hazard, porque los oídos de esos hombres "estaban cerrados al brillo, a la dulzura de las palabras". Junto a esos déficits, sobresalen los logros en el campo científico y filosófico y también en el de la Historia, algunos iniciados ya en la segunda mitad del XVII. El contraste entre ellos y la pobreza artística del período, subraya la orientación intelectual que consistió, sobre todo, en un gran avance de la conciencia crítica.[265]

En segundo lugar, los estudios de las últimas décadas han ahondado en la percepción de la desigualdad de orientaciones y de sensibilidades que caracterizaba a lo que antes se veía como un uniforme conjunto de tendencias.

> "El gusto de los *philosophes* –escribía Peter Gay en 1966– fue tan variado como el gusto de su tiempo. Voltaire admiraba a Racine y detestaba a Richardson; Diderot admiraba a Racine y a Richardson, y también a Voltaire; Lessing intentaba librarse de Racine y de Voltaire, pero no de Diderot. Lessing y Diderot escribieron dramas en la manera naturalista de sus contemporáneos mientras Voltaire persistió en la escritura de tragedias en la manera neoclásica del siglo diecisiete. Hume y Jefferson habían desarrollado convencionales gustos neoclásicos; pero mientras Jefferson admiraba a 'Ossian' como un gran poeta, Hume le expuso como un fraude. Kant, quien, como casi todos en la Ilustración, admiraba por igual a los clásicos latinos y a Alexander Pope, encontraba la música irritante y la pintura aburrida: un grabado de Rousseau era el único cuadro en su casa. El neoclasicismo, el rococó, el naturalismo, la indiferencia, y hasta, con Rousseau, una cierta [actitud de] sospecha espartana hacia las artes, eran todas posturas estéticas posibles de adoptar para los *philosophes*, y todas compatibles con la filosofía de la Ilustración."[266]

En tercer lugar, por último, se ha destacado la supervivencia de elementos de etapas culturales anteriores como uno de los rasgos también característicos del siglo

---

[265] Hazard, Paul, *La crisis de la conciencia europea (1680-1715)*, Madrid, Pegaso, [1941] p. 294; Dupré, Louis, *op. cit.* supra, nota 261, p. xiii. Dupré agrega que quienes critican esa unilateralidad de la Ilustración deben advertir que hacen esa crítica con las armas forjadas por el objeto de su ataque.

[266] Gay, Peter, *The Enlightenment: An Interpretation. The Science of Freedom*, New York-London, Norton, 1977, p. 216.

de las luces: el barroco en la música y en la arquitectura, el Renacimiento en el arte neoclásico, por ejemplo. No hubo un estilo distintivo de la Ilustración en el campo artístico, caracterizada por la profusión de gustos, técnicas y temas y la amalgamación de estilos tradicionales, desde el barroco al inicial romanticismo, o exteriores al mundo europeo, al punto de producirse estilos híbridos o nuevos. Algo que un contemporáneo describió como la existencia de una sed por la variedad.[267]

De esos tres puntos que resumen algunos de los avances en el conocimiento de la cultura del siglo XVIII, podemos comentar que el primero traduce una profundización del conocimiento del tema, que el segundo implica algo más, un cambio del concepto mismo de la Ilustración, que es vista así como algo no uniforme, pero que el tercero afecta no sólo al conocimiento y al concepto del tema, sino al supuesto mismo con que lo habíamos enfocado: el de la periodización de la historia que la concibe como una sucesión de etapas nítidamente diferenciadas y definidas por factores inmanentes a las mismas.

La artificialidad de las periodizaciones en el caso de la Ilustración ha sido también agudamente expuesta por otro historiador del período, P. N. Furbank, quien, por ejemplo, considera que la *Fenomenología del Espíritu* de Hegel se puede leer como un comentario a *El sobrino de Rameau* del que Hegel era entusiasta, así como respecto de la tendencia a clasificar a Voltaire, d'Alembert y Diderot con el rótulo de Ilustración, escribe que Flaubert puso el dedo en la llaga en su *Diccionario de lugares comunes*, en el que la entrada "Diderot" tiene esta lacónica explicación: "Siempre seguido de d'Alembert". Es decir, en un caso, dos figuras

---

[267] Gay, Peter, *loc. cit.*

pertenecientes a dos períodos considerados antagónicos unidas por la admiración de Hegel hacia Diderot, y, en el otro, dos pertenecientes al mismo período y partícipes de una empresa como la *Enciclopedia*, cuya supuesta comunidad intelectual es desestimada.[268]

El concepto de Ilustración y las debilidades de la periodización histórica

En 1989, en ocasión de un congreso de historiadores reunido en Santiago de Chile con motivo del bicentenario de la revolución francesa, me detuve en el efecto de los esquemas periodizadores y su trafondo taxonómico, que suele ser un frecuente y esterilizador supuesto de nuestras investigaciones. Respecto, por ejemplo, del concepto de *Ilustración católica*, escribía que:

> "...tiene el mérito de reconocer el significado renovador de aquellas manifestaciones de la vida cultural hispánica que adherían a diversos aspectos de la cultura de la Ilustración sin abandonar el catolicismo. Sin embargo, podría aducirse que tal concepto paga tributo a una *voluntad clasificatoria, periodificadora*, que se mueve con categorías de clasificación no necesariamente funcionales a la peculiar conformación de esta vida cultural".[269]

Podría decir entonces que el camino adoptado en trabajos anteriores consistía en partir de un supuesta-

---

[268] Furbank, P. N., *Diderot, Biografía crítica*, Barcelona, Emecé, 1994, pp. 263 y 448. Sobre las diferencias de todo tipo entre Diderot y d'Alembert, véase también Badinter, Elizabeth, *Las pasiones intelectuales. II. Exigencias de dignidad (1751-1762)*, Buenos Aires, FCE, 2009, pp. 120 y sigts., 257 sigts., y 294 y sigts.

[269] Chiaramonte, José Carlos, "Ilustración y modernidad en el siglo XVIII hispanoamericano", en Krebs, Ricardo y Gazmuri, Cristian (eds.), *La revolución francesa y Chile*, Santiago de Chile, Ed. Universitaria, 1990, p. 107.

mente definido concepto de Ilustración y, al compararlo con lo ocurrido en Iberoamérica, apelar a nociones como "eclecticismo", "contradicciones" y otras similares, que buscaban dar cuenta del desajuste entre aquella noción de Ilustración y lo verificado en tierra americanas; es decir, juzgando lo aquí ocurrido como una falta de correspondencia con los patrones periodizadores habituales. Un inadvertido efecto de un procedimiento de interpretación histórica que remite a un antiguo y generalmente inconsciente préstamo de la Biología, la Taxonomía o Sistemática,[270] y que también, si bien se mira, condiciona otro impreciso concepto de amplia difusión en la historiografía reciente y en los medios de difusión masiva, como el de *modernidad.*

Con mayor énfasis, este criterio está expuesto en un texto más reciente, que apunta a explicar la dificultad del problema como efecto de la insuficiencia de nuestras periodizaciones.

"A medida que se avanza en el conocimiento del siglo XVIII iberoamericano, más se perciben las dificultades de una visión de conjunto sobre algo de por sí incierto: la hipotética existencia de una etapa en la historia de la cultura ibérica e iberoamericana que pudiese merecer el calificativo de *ilustrada*",

dada la naturaleza de las transformaciones culturales de la etapa borbónica:

"...desarrollo de tendencias reformistas peculiares a las circunstancias y a la historia de España y Portugal –reforma de la enseñanza, de la política, de la economía, de la religión misma–, a veces contagiadas de influencias de la

---

[270] Una primera aproximación a los efectos de la influencia de la Biología en los estudios históricos a través de la Taxonomía, se encuentra en mi libro *Formas de sociedad y economía en Hispanoamérica*, México, Grijalbo, 1983.

Ilustración europea, sin que éstas basten a explicar el fenómeno que, por otra parte, aparece a menudo apoyado en corrientes católicas de antigua data".[271]

Pero este enfoque más ajustado de lo que englobamos habitualmente en el concepto de Ilustración iberoamericana no podía dar cuenta cabal, aún, de la cultura anterior e inmediatamente posterior a las independencias por no atender a la fundamental función que cumplía un factor generalmente subvalorado por confundírselo con una simple rama del derecho. Me refiero al derecho natural y de gentes, cuyo papel como fundamento de la ciencia social de la época y, asimismo, de las relaciones sociales, como lo hemos expuesto en la Primera Parte, ayuda a comprender esa aparentemente contradictoria fisonomía de la cultura del período.[272] Esto se comprenderá mejor si reparamos en que las doctrinas contractualistas que, habitualmente hemos listado como un rasgo más de la Ilustración, y en general el conjunto de las concepciones políticas y sociales del siglo XVIII, forman parte sustancial del derecho natural y de gentes, y por lo general no son otra cosa que lo que sus diversas corrientes venían elaborando desde el siglo anterior.

Al respecto, vale lo observado hace tiempo por Meinecke, que hemos transcripto en el primer capítulo pero que no está de más reiterar aquí:

"No cabe imaginar lo que ha significado este derecho natural para la humanidad de los pueblos de Occidente durante

---

[271] Chiaramonte, José Carlos, "El pensamiento político y la reformulación de los modelos", *op. cit.* supra, nota 259.

[272] Véase al respecto Chiaramonte, José Carlos, *Nación y Estado en Iberoamérica, El lenguaje político en tiempos de las independencias*, Buenos Aires, Sudamericana, 2004, y Chiaramonte, José Carlos, "The Principle of Consent in Latin and Anglo-American Independence", *Journal of Latin American Studies*, N° 36, Cambridge University Press, 2004.

casi dos mil años, ya en su forma cristiana, ya en la nueva ruptura profana adoptada desde el Renacimiento. Fue como una estrella polar inconmovible en medio de las tempestades de la historia del mundo. Dio al pensamiento de los hombres un apoyo absoluto, un apoyo tanto más fuerte si lo realzaba la fe cristiana revelada. Podían emplearle las ideologías más diversas y más incompatibles entre sí. La razón humana, considerada como eterna e independiente del tiempo, podía legitimarlo todo, sin que se advirtiera que así perdía su carácter intemporal y se nos revelaba como ella es: una fuerza que se individualiza sin cesar".[273]

De tal manera, podríamos sugerir ahora que lo que hemos llamado "Ilustración española", "Ilustración hispanoamericana", o aun, buscando dar cuenta de lo atípico del fenómeno, "Ilustración católica", era en realidad un conjunto de tendencias reformistas que, según la particular versión del iusnaturalismo en juego, podían abrevar en fuentes tan dispares como la tradición conciliar del catolicismo, el episcopalismo católico, el jansenismo, y también en algunas de las corrientes ilustradas europeas.

Las reformas de las Universidades y los conflictos internos a la Iglesia

"En la afirmación del absolutismo del siglo XVIII —escribíamos en el trabajo ya citado— la universidad hispanoamericana —o los estudios menores en el caso de Brasil, donde no hubo universidad en el período colonial— habría de cumplir el mismo papel que la caracterizaba desde su nacimiento, como vehículo de la concepción del poder propia de la monarquía. En la medida en que las relaciones de poder entre el rey y sus súbditos asumían las formas corporativas características de la época —Iglesia, nobleza,

---

[273] Meinecke, Friedrich, *El historicismo y su génesis*, México, FCE, 1982, p. 13.

ciudades, universidades– ellas continuarían rigiendo la vida de las universidades y condicionando los cambios con que la nueva monarquía buscaría expresar su visión de la sociedad y sus requerimientos a ella."[274]

Estas características se comprueban en las reformas educativas impulsadas durante el reinado de Carlos III en España y el ministerio de Pombal en Portugal. Y como es lógico, dadas las características de la vida cultural de la época, lo que podríamos denominar política cultural de las órdenes religiosas jugaba un papel sobresaliente, en lo que no era de menor importancia las rivalidades entre ellas.

Porque la disputa en torno a las iniciativas innovadoras se extendía mucho más allá de la controversia suscitada por la influencia de los enciclopedistas o de Newton, pues concernía a cuestiones que sólo pueden ser comprendidas atendiendo a los conflictos que desgarraban internamente a la Iglesia del siglo XVIII, que en España se expresó en iniciativas reformistas de importancia, algunas exitosas y otras fracasadas, como la tentativa de suprimir la Inquisición. Un aspecto muy importante de esos conflictos es el que generaba la aún fuerte influencia del jansenismo, en torno al cual, entre otros contendientes, disputaban las órdenes religiosas, basadas en sus particulares concepciones de la Teología, como el tomismo de los dominicos, el suarismo de los jesuitas, y el escotismo de los franciscanos. A la mención de estas órdenes, debe agregarse la de otra de ellas, la Congregación del Oratorio de San Felipe Neri, de notoria simpatía por el jansenismo, cuya importancia en la época como adversaria de los jesuitas fue de fuerte trascendencia. Entre los regulares oratorianos cabe recordar al

---

[274] Chiaramonte, José Carlos, "El pensamiento político...", *op. cit.* supra, nota 259.

autor de *Elementa Recentioris Philosophiae* (Elementos de Filosofía Moderna), el mexicano Juan Benito Díaz de Gamarra, así como entre los discípulos destaca el portugués Luis António Volney, el "Barbadiño", autor del *Verdadero método de estudiar para ser útil a la República y a la Iglesia*, de amplia difusión en España y sus colonias. El Barbadiño mostró permanente fidelidad a la Orden, manifestada, entre otras cosas, por su asesoramiento a Pombal en la gestación del destierro de la Compañía de Jesús.

Las posturas de la Compañía en el campo de la teología –en especial por la famosa cuestión del probabilismo–, eran fuertemente combatidas por los oratorianos y los dominicos –en este caso no en Brasil, donde la Orden de Santo Domingo no había ingresado durante el período colonial–, quienes acusaban a los jesuitas de "laxismo", por su flexibilidad en cuestiones de teología moral, mientras en retribución, eran calificados de "jansenistas" por los jesuitas.

Pero en el interior de la propia Compañía de Jesús florecían posturas heterodoxas, de las que dan testimonio las resoluciones de las tres Congregaciones Generales del siglo XVIII, en 1706, 1730 y 1751, que censuraron a los miembros que congeniaban con las doctrinas condenadas –entre ellas el cartesianismo– y ordenaban apartarlos de la enseñanza. El caso de Clavigero en México, que conforma una crisis de conciencia en el seno de una ortodoxia, es un ejemplo de esas disidencias internas a la Compañía.

Las reformas educacionales promovidas por las coronas española y portuguesa estaban dominadas por algunas de sus principales preocupaciones, como la afirmación del origen divino directo del poder de la monarquía y, por lo tanto, por la primacía concedida a las doctrinas teológicas que lo apuntalaban. Promovieron así la utilización, por las universidades y otros estudios, de las obras de autores que contribuyeran a afirmar esos objetivos, y se mostraron tolerantes hacia aquellos menos ortodoxos que reflejaban los fermentos intelectuales de la época, mientras no constituyeran una amenaza para los cimientos de la monarquía y de la Iglesia.

Particular empeño provocó la necesidad de condenar la doctrina del derecho de resistencia proveniente del derecho natural, y el corolario del tiranicidio, de la teología jesuita del siglo XVI, razón por la que la Compañía de Jesús se convirtió en blanco privilegiado del ataque de la política cultural de las monarquías. Consiguientemente, esto condicionaría en buena medida las reformas educativas del período dada la sobresaliente presencia de la Compañía en el terreno de la enseñanza.

En España, los planes de estudios de las universidades de Salamanca, Alcalá, Valladolid, Granada, Valencia, así como los de los Reales Estudios de San Isidro, en Madrid, y también los estudios conventuales, se abrieron a la influencia de la Iglesia francesa, rasgo que habría de trasladarse a tierras americanas, donde los planes de estudios reprodujeron, aunque no siempre con la misma amplitud, los de los españoles. Las principales reformas afectaron al sistema de cátedra y a las obras empleadas en la enseñanza. De particular significado fue así la supresión del dictado como procedimiento pedagógico, pues se lo consideró un instrumento favorable a la persistencia de la ortodoxia de las doctrinas de cada orden religiosa y a las disputas entre ellas. Una intencionada selección de obras, según los ya indicados propósitos de la monarquía, trató de asegurar la orientación de los estudios que se perseguía.

La difusión de la doctrina del origen divino directo del poder, sin mediación del pueblo, núcleo del galicanismo en teoría política, era doctrina canonística reivindicada en las universidades. Ella fue propagada por medio de las cátedras de Historia de la Iglesia, Concilios, y Disciplina antigua, entre otras, erigidas después de la expulsión de la Compañía de Jesús y persistentes más allá de las independencias, paralelamente al proceso de reformas eclesiásticas ocurridas en diversos lugares de la América hispana. La Historia de la Iglesia, por ejemplo, era fuente de información para la innovadora tendencia a preferir la Teología positiva en lugar de la escolástica. Protagonistas de estas innovaciones, resistidas por otros sectores de la Iglesia, fueron eclesiásticos y funcionarios "ilustrados": Maciel, San Alberto, Lázaro de Ribera, en el Plata; Pérez Calama, en Quito; Moxó en Charcas; el oidor Rezabal y Ugarte, en Lima; Lorenzana, Fabián y Fuero, Núñez de Haro, Abad y Queipo en México...

La doctrina del origen divino directo de la monarquía, y sus inferencias galicanas, fue también objeto de difusión más alla de las universidades, tratando de convertírsela en credo popular mediante una adecuada propaganda. Para tal fin, se apeló a las obras pastorales de obispos como los mexicanos, guatemaltecos, peruanos y otros que defendieron la monarquía contra la insurgencia criolla, o como San Alberto, en Córdoba del Tucumán, a fines del siglo XVIII. También perseguían el mismo objetivo edictos de la Inquisición y las Cartillas destinadas a la instrucción general difundidas por funcionarios reales.

El galicanismo persistió luego de las independencias y alimentó las tendencias reformistas de la Iglesia, como la que afloró en Buenos Aires por obra de Bernardino Rivadavia en 1822. Luego, a partir de la tercera década del siglo, al irse reanudando las relaciones con el Papado, el galicanismo comenzó a declinar, sin que por eso desaparecieran totalmente las polémicas al respecto.

"Modernidad" y tradicionalismo

El propósito de definir la cultura iberoamericana en el lapso que va de fines del siglo XVIII a las primeras décadas del XIX utilizando el concepto de Ilustración ha mostrado serias dificultades, motivadas por las características de las innovaciones vividas en esos años. Asimismo, no resisten a un análisis desprovisto de prejuicios los intentos

> "contrapuestos por sus objetivos pero similares por su parcialidad, de ubicar las supuestas 'causas' de la modernización de la cultura dieciochesca iberoamericana en el accionar de minorías ilustradas conspirativas o en la obra educacional de la Compañía de Jesús. Por una parte, porque la autonomía intelectual de esas minorías era más que escasa y, por otra, porque la política cultural de la Compañía, ratificada a lo largo de sus Congregaciones generales del siglo XVIII, fue opuesta a las bases y principales características de la cultura moderna, al punto de condenar firmemente no sólo la filosofía de la Ilustración, sino fundamentos mismos de la filosofía moderna como el inmanentismo cartesiano".[275]

Tampoco ha resultado convincente –continuábamos en el mismo trabajo– la utilización del ubicuo y desgastado concepto de modernidad, puesto que, paradójicamente, buscando superar el carácter predominantemente eclesiástico de la actividad cultural española, la corona

---

[275] Chiaramonte, José Carlos, "El pensamiento político y la reformulación de los modelos", *op. cit.* supra, nota 259; Información sobre la política de la Compañía frente a la cultura moderna, en Astraín, P. Antonio, *Historia de la Compañía de Jesús en la asistencia de España*, Tomo VII, *Tamburini, Retz, Visconti, Centurione, 1705-1758*, Madrid, Administración de Razón y Fe, 1925. Véase asimismo una discusión del tema en nuestro citado trabajo *La Ilustración en el Río de la Plata...*, segunda edición, *op. cit.* supra, nota 259, pp. 38 y sigts. El texto de la condena de las proposiciones cartesianas se incluye en ese mismo volumen, Documento N° 1, pp. 115 y sigts.

encontró fuerte apoyo para sus objetivos reformistas dentro de la misma Iglesia, en sectores que reivindicaban antiguas tradiciones de la misma. De tal manera, las imágenes de un conflicto entre razón y fe, ilustración y escolástica, medioevo y modernidad, no se sostienen ante este siglo XVIII iberoamericano que suele sorprendernos con la amalgama de tendencias que suponíamos incompatibles, en pos del objetivo de reconstruir la antigua y perdida grandeza de la monarquía.

VII.
LAS DIMENSIONES HISPANAS O EUROPEAS DE LAS REVOLUCIONES POR LA INDEPENDENCIA[276]

Un tema como el de los vínculos de las revoluciones de independencia iberoamericanas con la peninsular implica dos problemas, distintos, pero de íntima conexión. Uno, el del carácter y alcances de esos nexos entre ambos procesos históricos, el hispano y el hispanoamericano. El otro, implícito en él, el de la pertinencia del concepto de revolución, no sólo respecto de Hispanoamérica sino también de España, dado que en ambos casos ha sido objeto de cuestionamientos. Por lo tanto, una primera decisión que se impone es la de verificar la pertinencia del calificativo de "revoluciones". No es que pretenda iniciar un enojoso cotejo de definiciones, sino usar el asunto para una breve reflexión sobre lo inadecuado de nuestras periodizaciones.

La naturaleza del "juntismo" y las trampas de la periodización

Hace tiempo, en ocasión de rastrear la aplicación a la historia iberoamericana del vocablo "feudalismo"

---

[276] Este capítulo es la versión corregida de una ponencia presentada en las Segundas Jornadas de Debate "Los Historiadores y el Bicentenario", Rosario, Centro de Estudios Históricos Parque España de Rosario y Red de Estudios sobre Política, Cultura y Lenguajes en el Río de la Plata del Instituto Ravignani; Rosario, 7 de octubre de 2008.

como epíteto peyorativo, descubrí, con cierta sorpresa, que ese uso no era frecuente en días de la independencia, a diferencia de lo que ocurriría luego. La lógica de esto la atribuí a la perspectiva del reformismo ilustrado español –la de Jovellanos, por ejemplo– en la que el feudalismo era un fenómeno sustancialmente político, cuyo rasgo más destacado era la dispersión del poder y, por lo tanto, desaparecido a partir del proceso de fortalecimiento de la monarquía, desde los reyes católicos en adelante. No se tendía, entonces, a denominar feudal a la sociedad de su tiempo.[277]

Esta perspectiva cambia radicalmente al difundirse las concepciones sociales de lo que se acostumbra denominar Romanticismo. Y esto se verifica también en lo concerniente al concepto de revolución. Por ejemplo, Esteban Echeverría lo reflejaba al definirlo de la siguiente manera:

> "No entendemos por revolución las asonadas ni turbulencias de la guerra civil, sino el desquicio completo de un orden social antiguo, o el cambio absoluto, tanto en el régimen interior como exterior de una sociedad".[278]

Consiguientemente, Echeverría, como es conocido, aplicaba el calificativo de revolución con limitaciones: la revolución de Mayo había sido una revolución incompleta, lograda en lo que atañe a la independencia política, pero no en las transformaciones sociales que a su juicio deberían haberle acompañado.

---

[277] Véase "Los conceptos de periodización en la primera mitad del siglo XIX y el concepto de feudalismo", en Chiaramonte, José Carlos, *Formas de sociedad y economía en Hispanoamérica*, México, Grijalbo, 1983, pp. 21 y sigts.

[278] Echeverría, Esteban, *Dogma Socialista y otras páginas políticas*, Buenos Aires, Estrada, 1948, p. 144, nota.

Pero hacia 1810 la perspectiva era todavía la del siglo de las luces y el uso de la palabra *revolución*, con sentido sustancialmente político, era por demás natural y refería al logro de la independencia. Tal como hacia 1821 lo implicaban estos versos de Bartolomé Hidalgo, uno de los iniciadores de la poesía popular rioplatense: "En diez años que llevamos / De nuestra revolución / Por sacudir las cadenas / De Fernando el balandrón: / ¿Qué ventajas hemos sacado?"[279]

Sin embargo, el carácter revolucionario de los sucesos peninsulares y americanos podía ser objetado desde una tercera perspectiva que concierne a la naturaleza histórica de los cuerpos políticos participantes y del estatuto de quienes los integraban. Recordemos que la historiografía europea sobre la Edad Moderna se ha detenido con delectación en el hallazgo de evidencias que mostrarían la interpretación errónea de movimientos sociales a los que se atribuyó tradicionalmente carácter revolucionario. Por ejemplo, las rebeliones campesinas de los siglos XVII y XVIII que, en lugar de considerárselas como movimientos anti feudales, se juzga que en realidad reaccionaban contra la opresión de los estados absolutistas y demandaban el retorno a la protección de las antiguas instituciones.

Un caso que podría inscribirse en este tipo de cambio de perspectiva es el de las insurrecciones españolas derivadas de la invasión francesa y la constitución de nuevos órganos de gobierno local, en un proceso que ha sido rotulado como el "juntismo" español y considerado, con razón, como antecedente de las juntas de gobierno hispanoamericanas. Por ejemplo, el historiador español de la Universidad de Navarra, Martínez de Velasco, polemiza

---

[279] Hidalgo, Bartolomé, "Diálogo Patriótico Interesante", en Leguizamón, Martiniano, *El primer poeta criollo del Río de la Plata, 1788-1822*, segunda edición, Paraná, 1944, p. 76.

continuamente con Miguel Artola, a lo largo de un libro, publicado en 1972, dedicado a la formación de la Junta Central del Reino. Además de aspectos secundarios del tema, el blanco principal de su crítica es la tesis del carácter revolucionario de la insurrección del pueblo español contra la ocupación francesa. Así, mientras Artola afirma que el nuevo poder "es doblemente revolucionario: en primer lugar, por la forma de constituirse, en clara oposición a las autoridades legítimas del Antiguo Régimen, luego por la potestad que se atribuye", Martínez de Velasco señala que en Asturias el movimiento de constitución de la Junta Suprema del Principado mal hubiera podido ser revolucionario dado que se utilizaba la centenaria Junta General del Principado –convocada, como también los miembros de la Real Audiencia, para la formación de la nueva Junta– y se integraba con autoridades legítimas, como lo eran los miembros de la Real Audiencia. Y que, por otra parte, la Junta de Asturias utilizaba una doctrina antigua, al declarar haber "reasumido la soberanía por hallarse sin gobierno legítimo". "Todos los miembros de la Junta –anota–, incluso los miembros de la Audiencia, estaban de acuerdo con la doctrina tradicional, según la cual la soberanía recaía sobre el pueblo, si el poder legítimo estaba vacante."[280]

Otro caso de uso de antiguas doctrinas e instituciones sería el de la Junta de La Coruña, que adoptó "una costumbre establecida de antiguo: las Cortes del Reino [de Galicia] representadas por su diputación". Diputación compuesta por siete regidores que representaban a las ciudades de La Coruña, Santiago de Compostela, Betanzos, Lugo, Mondoñedo, Orense y Tuy, elegidos por sus respectivos ayuntamientos.

---

[280] Martínez de Velasco, Ángel, *La formación de la Junta Central*, Pamplona, Universidad de Navarra, 1972, p. 83. La cita de Artola en pp. 93 y 82.

"Es de destacar –comenta Martínez de Velasco– que el alzamiento gallego no se plasmó en una nueva institución, sino que desde los primeros momentos se encontró una forma de gobierno tan tradicional y tan poco revolucionaria como fue la Diputación del Reino en Cortes."[281]

Luego analiza la composición de varias juntas provinciales que, como la de Sevilla, Valencia y Aragón, estaban divididas por estados: clero secular, audiencia territorial, ayuntamiento de la ciudad, nobleza, "el estado regular", "el estado militar" y el comercio.[282]

Independientemente de las objeciones que se puedan hacer a los argumentos de Martínez de Velasco, así como de la validez de algunas de sus críticas a Artola, la cuestión a analizar es de si se puede juzgar el carácter revolucionario o tradicional del llamado juntismo español por el origen histórico de los argumentos que legitimaron ese movimiento o por la calidad social de quienes integraron las juntas. Para expresarlo de la manera más breve posible, por ejemplo, es cierto que la figura del pacto de sujeción –con sus corolarios de la figura de reasunción de la soberanía por el pueblo, o del derecho de rebelión– es muy anterior al siglo XIX, y que efectivamente pertenece a buena parte de la Escolástica ya desde la Edad Media. Pero, insistamos, la pregunta es si se puede negar carácter revolucionario a un movimiento ocurrido en el XIX por el hecho de apoyarse en doctrinas y órganos de gobierno de carácter "tradicional".

De la misma manera, podríamos también preguntarnos si la misma conclusión se seguiría del hecho de haberse comenzado en Buenos Aires el proceso que llevaría a la independencia con la convocatoria a cabildo abierto

---

[281] *Ibid.*, pp. 84 y 85.

[282] *Ibid.*, pp. 85 a 88. Notar la diferencia con el Río de la Plata –pero no tanto con México– donde sólo hay diputados por ciudades.

–antigua institución de carácter no popular (en el sentido actual de "popular")– y citándose a la "parte principal y más sana" del vecindario.[283] Y, por añadidura, cuando el uso del argumento legitimador de la constitución de un gobierno local fue el mismo que en España: la reasunción de la soberanía por el pueblo, argumento que intentó suavizar la Primera Junta, el día 27 de mayo, utilizando la fórmula de "representación de la soberanía del monarca preso".

Al llegar a este punto creo que nos encontramos, quizás sin advertirlo, ante una de las mayores trampas que los supuestos implícitos en el análisis histórico pueden tenderle. Me refiero a la periodización que, en este caso, *clasifica* doctrinas e instituciones según unos "taxones" cuya validez podría y debería ser motivo de revisión. Como hemos ya expuesto en el capítulo IV, de acuerdo a esa taxonomía las doctrinas y las instituciones poseerían una conformación sustancialmente distinta para cada supuesta época de la historia de la humanidad. Si así fuera, para tomar un solo ejemplo entre otros, no podríamos explicarnos la vigencia de algo tan sustancial a la organización de la sociedad como el derecho romano, en tiempos tan distintos como el de la Europa medieval, el de la empresa napoleónica, y aún hoy en muchos países del mundo. Consecuentemente, el carácter revolucionario de lo ocurrido de 1808 en adelante se explica no por la "marca de fábrica" de las doctrinas utilizadas sino por el contexto histórico en que se las utiliza y el resultado obtenido. Tal

---

[283] En cuanto a cabildos abiertos, un artículo de la *Gazeta* recuerda en 1816 los cabildos abiertos en que se expresó "la voluntad general" desde el principio de "nuestra gloriosa revolución: 25 de mayo de 1810, 6 de abril de 1811, 23 de setiembre de 1812, 8 de octubre de 1813, 15 y 16 de abril de 1815". *Gazeta de Buenos Ayres*, "Cuestiones importantes de estos días", 29 de junio de 1816, pp. 561 y sigts, y 5 de julio de 1816 (Gazeta extraordinaria), pp. 566 y sigts.

como ocurrió, para tomar otro ejemplo, con la persistencia de antiguas nociones iusnaturalistas en las revoluciones norteamericana y francesa.

Lo español y lo europeo en el proceso de las independencias

Salvada esta cuestión, me parece oportuno preguntarnos si es un buen punto de partida circunscribirnos a la "dimensión hispánica" de las revoluciones de independencia. Porque –y con esto no creo que exponga algo muy nuevo–, si nos interesa examinar las posibles relaciones extra americanas de esos procesos se hace necesario recordar que aun habida cuenta de la peculiaridad de los sucesos revolucionarios ocurridos en la península a raíz de la invasión francesa, ellos bien pueden considerarse parte de un ciclo histórico que se suele denominar justamente el ciclo de las revoluciones modernas. Es decir, si existe unidad, es en el conjunto del ciclo revolucionario iniciado en las colonias anglo americanas y culminado con la revolución francesa. Y me parece más fructífero enfocar los movimientos de independencia hispanoamericanos en esa perspectiva, sin dejar de atender por ello a los rasgos específicamente hispanos que contienen.

Por otra parte, la cuestión de lo que con peculiar lenguaje se denominó hace tiempo "filiación histórica del movimiento de independencia" posee una historia de mal regusto ideológico (véase al respecto el capítulo II). La tradicional tesis liberal, a la manera de Sarmiento ("Es inútil detenerse en el carácter, objeto y fin de la revolución de la independencia. En toda la América fueron los mismos, nacidos del mismo origen, a saber, el movimiento de las ideas europeas.") fue desafiada por posturas como la de Giménez Fernández o, en Argentina, la de

Guillermo Furlong.[284] La contraposición de las ideas de la Enciclopedia francesa y la teología política de Francisco Suárez fue así una de las simplificadoras facetas de esa cuestión, llevada al absurdo por Furlong al resumirla en un dilema, el de si Rousseau o Suárez eran los ideólogos de la Revolución de Mayo. En ambos casos, en el esfuerzo por hacer de la Revolución de Mayo un acontecimiento de índole liberal, por un lado, o de carácter católico español, por otro, se partía de una manipulación anacrónica de los datos. Así, por una parte, la doctrina de la retroversión de la soberanía se ignoraba o, en el mejor de los casos, era considerada "un subterfugio" proveniente de la antigua tradición medieval española sobre el origen popular del poder monárquico.[285] O, por otra parte, se la convertía en la prueba del predominio de la teología suareciana, ignorándose que, pese a su repudio por Rousseau, era común a la mayor parte de los iusnaturalistas no escolásticos.

Pero no sólo en ese hispanismo nacionalista[286] se verifica una mirada distorsionada a los vínculos entre ambos procesos. Al respecto, es interesante comprobar que la tesis de François Xavier Guerra, expuesta en 1992, sobre el carácter hispánico de las independencias hispanoamericanas coincidía parcialmente con la expuesta en la obra de un historiador argentino, Julio V. González,

---

[284] Sarmiento, Domingo Faustino, *Facundo*, Buenos Aires, El Ateneo, 1952, p. 109; Giménez Fernández, Manuel, *Las doctrinas populistas en la independencia de Hispano-América*, Madrid, Consejo Superior de Investigaciones Científicas, Escuela de Estudios Hispanoamericanos, Sevilla, 1947; Furlong, Guillermo, *Nacimiento y desarrollo de la filosofía en el Río de la Plata, 1536-1810*, Buenos Aires, Fundación Vitoria y Suárez, s. f.

[285] Romero, José Luis, *Argentina, Imágenes y Perspectivas*, Buenos Aires, Raigal, 1956, p. 90

[286] Véase, al respecto, Pietschmann, Horst, "El problema del 'nacionalismo' en España en la Edad Moderna. La resistencia de Castilla contra el Emperador Carlos V", *Hispania*, LII/1, nª. 180, 1992.

en 1937, según la cual la Revolución de Mayo no era otra cosa que una parte de la revolución española ocurrida a partir de la invasión napoleónica. Claro está, que el contexto en que escribía González, el del clima generado por la guerra civil española del siglo XX, hacía de su tesis –la tesis de un historiador socialista– una interpretación de la historia hispanoamericana asimilable a los objetivos de la República, punto de vista lejano de las preocupaciones de Guerra.[287]

"Los antecedentes inmediatos del sistema de gobierno implantado por la Revolución –escribía González– forman un complejo que se anuda alrededor de la Revolución de España, producida con motivo de la invasión de la Península por los ejércitos de Napoleón." Y añadía: "Estimo que la vinculación de causa a efecto que liga al movimiento argentino con el español, fue algo más estrecha y decisiva que lo que hasta hoy se ha reconocido. Para la historia general pudo ser el uno causa meramente ocasional del otro, pero para la constitucional reviste las características de una causa determinante".

Esta declaración tajante respecto de los vínculos entre ambos procesos la desarrolla a lo largo de la Introducción del primero de los dos tomos de su obra, con una perspectiva que puede sintetizarse en un párrafo en el que afirma que las conclusiones de su investigación le permitían:

"asumir la responsabilidad científica de afirmar que para la historia de las instituciones políticas, la Revolución de

---

[287] Guerra, François-Xavier, *Modernidad e Independencias, Ensayos sobre las revoluciones hispánicas*, Madrid, Mapfre, 1992; González, Julio V., *Filiación histórica del gobierno representativo argentino*, Buenos Aires, La Vanguardia, 1937. En la Introducción a *Modernidad e Independencias...* ("Un proceso revolucionario único"), Guerra desarrolla la tesis, similar a la de Julio V. González, de la unidad de la revolución española iniciada con la insurrección anti napoleónica y las independencias hispanoamericanas.

Mayo fue una creación de la Revolución de España. Porque el movimiento popular de la Península, no sólo inició al argentino en las prácticas de la representación pública, sino que lo nutrió con principios y le proporcionó las bases sobre las que el pueblo de Mayo planeó la organización del nuevo Estado".[288]

Sin embargo, lo que sigue de inmediato a esa declaración de González puede generar actualmente algunas dudas, razón por la que conviene citar *in extenso* lo que se lee en su libro a continuación de ese párrafo:

"Si los argentinos emancipados se dieron una democracia liberal y no una autocracia; si proclamaron el principio de la igualdad y no del privilegio; si impusieron la soberanía del pueblo como origen y justificación de toda autoridad, y no la voluntad divina, o los derechos dinásticos, o las prerrogativas aristocráticas; si entregaron los destinos de la Revolución a una junta popular, en vez ponerla en manos de un dictador; si sólo fueron a depositar la tarea de constituir el Estado en un congreso representativo, y no en cuerpos o individuos con facultades discrecionales; si crearon instantáneamente las defensas del ciudadano contra los excesos del poder; si previnieron el despotismo dando categoría política a la opinión pública, colocada en función de control de la gestión de los mandatarios; si dieron sólida base al régimen republicano, reglamentando prolijamente las atribuciones de cada poder; si blindaron a los representantes del pueblo con los privilegios e inmunidades parlamentarias; si, en fin, la gloriosa Revolución nuestra tomó en la Asamblea del año XIII el contenido económico-social que le dieron sus leyes sobre abolición de la esclavitud, emancipación del indio, supresión de los mayorazgos y otras de índole semejante, fue porque los patriotas argentinos seguían paso a paso la obra de reconstrucción social y política, que contemporáneamente estaban cumpliendo los patriotas españoles con su Revolución. Así creo dejarlo demostrado en la última parte de esta obra".

---

[288] González, Julio V., *ibid.*, pp 7 y 10.

En este fragmento se observan dos equívocos de larga vigencia en la historiografía argentina: uno, el de magnificar los modestos logros de la Asamblea del Año XIII, confundiendo además la denominada "libertad de vientres" con la abolición de la esclavitud, que tardaría aún muchas décadas en adoptarse. Y otro, trasfondo también de lo anterior, el de asimilar lo ocurrido entre 1810 y 1853 a lo sucedido a partir de esta última fecha. Un equívoco en que la mayor parte de los rasgos enumerados están interpretados anacrónicamente en clave del presente. Porque el proceso electoral abierto en julio de 1810 –y dejando de lado el también anacrónico uso del rótulo de democracia– mostraba en su concreción rasgos muy ajenos a los que supone la interpretación de González y nos llevan a similares observaciones a las que efectuamos más arriba respecto de la revolución española: en las elecciones realizadas en las diferentes ciudades, convocadas mediante la circular del 27 de mayo de 1810, para elegir diputados a la Junta provisional de Gobierno, además de que la convocatoria está dirigida a "la parte principal y más sana del vecindario", las listas de participantes están distribuidas según una clasificación corporativa que incluye: regidores, clérigos, letrados, funcionarios de la burocracia, militares y vecinos. Asimismo, en la elección del diputado por Corrientes y también en la elección del diputado por Santa Fe se discute largamente el orden para emitir los sufragios, según las distintas corporaciones representadas en el Cabildo Abierto. En la elección del diputado por Salta, el Cabildo deliberó "por corporaciones", lo cual significa que el obispo emitió opinión por el clero, un coronel en nombre del ejército, y un licenciado en nombre de las Reales Audiencias.[289]

---

[289] González, Julio V., *ibid.*, Libro 2; Levene, Ricardo, *La Revolución de Mayo y Mariano Moreno*, Tomo 2, Buenos Aires, Facultad de Derecho y

Pero, y esto me parece al argumento sustancial, muchos de los rasgos de la historia intelectual y política peninsular poseen un innegable parentesco con los de la historia europea, al punto de que no me parece muy factible, distinguir lo específicamente hispano que habría en ellos. Y quisiera subrayar que ese parentesco no se limita a las corrientes liberales o revolucionarias difundidas a partir del siglo XVIII sino que también corresponde a lo ocurrido en siglos anteriores, es decir, a lo que solemos llamar habitualmente doctrinas o instituciones "tradicionales". Por ejemplo, es el caso de uno de los datos que más valoraban, desde opuestas perspectivas, González y Guerra, el recién comentado de los procedimientos electorales inaugurados por la Real Orden del 6 de octubre de 1809 para la elección de diputados a la Junta Central de Sevilla. Esta Orden fue invocada por la Primera Junta en las normas contenidas en su circular del 18 de julio de 1810 para la elección de los diputados del Interior, que González calificaba de esta manera:

> "La Revolución de España provocó en la colonia del Río de la Plata un período de iniciación democrática inmediato anterior a la Revolución de Mayo, con motivo de la elección de un diputado-vocal a la Junta Central de Sevilla".[290]

Pero esas normas remiten a una más amplia y vieja historia europea. De manera que lo que podemos inferir más ajustadamente es que en el proceso de organización de un gobierno local, aún no independiente, la legisla-

---

Ciencias Sociales, 1920. Véase un análisis de esos procesos electorales en Chiaramonte, José Carlos –con la colaboración de Marcela Ternavasio y Fabián Herrero–, "Vieja y nueva representación: los procesos electorales en Buenos Aires, 1810-1820", en: Annino, Antonio (comp.), *Historia de las elecciones y de la formación del espacio político nacional en Iberoamérica, siglo XIX*, Buenos Aires, FCE, 1995.

[290] *Ibid.*, p. 9.

ción de la metrópolis amparaba las decisiones de la Junta de Buenos Aires permitiéndole adoptar procedimientos representativos de matriz no precisamente hispana. Un esquema que bien puede aplicarse al caso de la relación de la cultura española con la europea a través de autores como Feijóo, Cadalso o Jovellanos...

Veamos mejor, en cambio, algunos de los rasgos sustanciales de lo ocurrido en los primeros meses de existencia del gobierno local en Buenos Aires, que remiten a una perspectiva no exclusivamente hispánica. Si por un lado, en lo que acostumbramos a llamar la primera década revolucionaria, los acontecimientos muestran el papel protagónico de una institución de antiguo régimen hispano colonial, como el Cabildo y, asimismo, tendencias centralistas que podrían considerarse de raíz borbónica, como asimismo el fuerte regalismo en relación con la Iglesia, por otra, exhiben iniciativas no necesariamente de esa procedencia, como las implicadas por los fundamentos contractualistas de la legitimación del poder, que hasta llegó a obligar al propio Cabildo a solicitar a la Junta que se le aplicara el procedimiento de comicios para elegir a sus miembros, dado que, declaraba el Ayuntamiento, la carencia de ese requisito le quitaba legitimidad de acuerdo a los nuevos criterios políticos fundados en el principio de la soberanía popular.[291] O como las fuertes tendencias confederales brotadas en los primeros años de esa década.

En este último caso, existen expresiones muy conocidas, como las provenientes de Artigas, con patente vinculación con la experiencia norteamericana, o la argumentación de la Junta Grande en 1811 que provocó su disolución por el Primer Triunvirato, al invocar a "las ciudades de nuestra

---

[291] "D. Felipe Arana, El Síndico Procurador sobre que las elecciones de empleos concejiles y de república se hagan popularmente, y otras, Buenos Aires, abril de 1813"; AGN, Sala IX, 20-2-3

confederación política". Otras de menos frecuente mención pero no de menor importancia, como los argumentos del diputado por Tucumán a la Asamblea del Año XIII en pro de la unión confederal y su interpretación en clave confederal de la expresión "Provincias Unidas del Río de la Plata". Otras, olvidadas, como la Circular enviada por la Sociedad Patriótica –entre cuyos dirigentes se contaba Bernardo de Monteagudo– a los cabildos del interior en 1812, en la que se invoca a "los pueblos de nuestra confederación" y asimismo al "voto universal de todos los pueblos confederados." Y otras que duermen en los archivos, como un extenso "Manifiesto Apologético de la Exma. Junta Gubernativa de la Capital de Buenos Aires a los Pueblos de su Confederación", de setiembre de 1811 que parece no haber pasado de su calidad de borrador pero que es indicador de la tendencia del momento.[292] En suma, fuera por el conocimiento de la experiencia

---

[292] "[Reglamento de la división de poderes sancionado por la Junta conservadora, precedido de documentos oficiales que lo explican] [30 de septiembre a 29 de octubre de 1811]", en Ravignani, Emilio (ed.), *Asambleas Constituyentes Argentinas*, Buenos Aires, Instituto de Investigaciones Históricas, Facultad de Filosofía y Letras, Universidad de Buenos Aires, 1937, volumen VI, segunda parte, pp. 599-602; "Circular de la Sociedad patriótico-literaria, después de la Revolución del 8 de octubre de 1812", en *Boletín del Instituto de Investigaciones Históricas*, I, t. 18, año XIII, núm. 61-63, julio 1934-marzo 1935, pp. 376 y 377; Comunicación al Cabildo de Tucumán de su diputado a la Asamblea del año XIII, Nicolás Laguna, cit. en González, Ariosto D., *Las primeras fórmulas constitucionales en los países del Plata (1810-1813)*, Montevideo, Claudio García & Cía., 1941; "Manifiesto Apologético de la Exma. Junta Gubernativa de la Capital de Buenos Aires a los Pueblos de su Confederación", Archivo de Vicente Anastasio Echeverría, Instituto de Historia Argentina y Americana "Dr. Emilio Ravignani", Facultad de Filosofía y Letras, Universidad de Buenos Aires. El contenido de este documento coincide con los expuestos por Francisco Bruno de Rivarola en un texto originalmente inédito, publicado recientemente: Rivarola, Francisco Bruno de, *Religión y fidelidad argentina (1809)*, Buenos Aires, Instituto de Investigaciones de Historia del Derecho, 1983, por lo cual puede suponerse su autoría.

norteamericana, fuese por el conocimiento de lo que muchos tratados de temas políticos del siglo XVIII contenían respecto de las confederaciones, esta tendencia, que se convertiría en la definitivamente triunfante durante la primera mitad del siglo, comenzó a operar muy tempranamente.

Los primeros años de vida independiente, en suma, muestran un heterogéneo conjunto de iniciativas políticas de diverso origen o, más bien, de general presencia en Europa, tales como las doctrinas contractualistas y el principio del consentimiento, que hacen de la cuestión del origen algo mucho más complejo.[293] Incluso, la difusión del derecho natural y de gentes en la España de la segunda mitad del XVIII y comienzos del XIX fue predominantemente de origen iusnaturalista y no escolástico.[294]

* * *

La discusión en torno al carácter revolucionario de los sucesos españoles resulta útil para percibir que la otra discusión, respecto de la supuesta matriz hispana de las independencias hispanoamericanas, tuvo dos expresiones: la de concebir las independencias como producto

---

[293] Yo mismo, en un trabajo de hace más de diez años, pese a reconocer el variado origen de los conceptos políticos que afloraban durante las independencias, recaía en la limitada percepción de calificar de "pautas políticas de raigambre hispana" a las vinculadas a la figura de la reasunción de la soberanía. "Modificaciones del pacto imperial", en Annino, Antonio, Castro Leiva, Luis, Guerra, François-Xavier, *De los imperios a las naciones: Iberoamérica*, Zaragoza, IberCaja, 1994. Reeditado en: Annino, Antonio y Guerra, François-Xavier (coord.), *Inventando la nación. Iberoamérica siglo XIX*, México, FCE, 2003.

[294] Es de advertir que la cátedra de derecho natural instituida por Carlos III ha sido bien interpretada como un intento, no exitoso, de compensar la difusión del iusnaturalismo mediante una enseñanza despojada de aquello que pudiese dañar a la religión o a la monarquía. Jara Andreu, Antonio, *Derecho natural y conflictos ideológicos en la universidad española (1750-1850)*, Madrid, Instituto de Estudios Administrativos, 1977.

de instituciones y doctrinas "modernas", por una parte, o "tradicionales", por otra. Y que mientras la primera sirvió para apuntalar la tesis del origen revolucionario francés de la independencia, la segunda se utilizó para sostener su matriz hispana. Pero, el caso es que, aun doctrinas e instituciones consideradas hispanas, por su carácter tradicional, podían también formar parte de un acervo europeo... La fuerte huella nacionalista que, desde el promediar del siglo XIX impregnó las historiografías de diversos países, ha distorsionado la visión de la historia cultural europea que supone la tesis hispanista. De alguna manera, no estaría mal recordar, aunque sólo en un sentido metafórico, aquellas ironías del Padre Feijóo cuando, en su artículo "Antipatía de franceses y españoles", criticaba la opinión de que existían grandes diferencias intelectuales, morales o físicas entre las diversas naciones y sostenía que en lo substancial, esas diferencias eran imperceptibles.[295]

Por eso, en lugar de un enfoque enmarcado en la conformación nacional de las doctrinas y tradiciones políticas, es de preferir, respondiendo a la realidad de la vida intelectual europea, otro que atienda a los enmarques supranacionales, tales como las corrientes intelectuales que conectaban a autores de países distintos y asimismo los definidos por las distintas órdenes religiosas católicas o por los diversos cultos protestantes, dada la trascendencia de lo que se ha llamado teología política en los sucesos de la época.

---

[295] Feijóo y Montenegro, Fray Benito Jerónimo, "Antipatía de franceses y españoles", *Obras escogidas*, Biblioteca de Autores Españoles, Madrid, 1863, p. 87.

www.ingramcontent.com/pod-product-compliance
Lightning Source LLC
Chambersburg PA
CBHW031144160426
43193CB00008B/247